国家骨干高职院校建设项目成果

物流费用结算实务

程文忠　陈淑蓉　主　编
任凤香　饶竹芸　副主编

经济科学出版社

图书在版编目（CIP）数据

物流费用结算实务 / 程文忠　陈淑蓉主编 . —北京：经济科学出版社，2012. 12
ISBN 978 – 7 – 5141 – 2842 – 0

Ⅰ. ①物…　Ⅱ. ①程…②陈…　Ⅲ. ①物资流通 – 费用 – 结算　Ⅳ. ①F252. 3

中国版本图书馆 CIP 数据核字（2012）第 317990 号

责任编辑：侯晓霞　侯加恒
责任校对：郑淑艳
责任印制：李　鹏

物流费用结算实务

程文忠　陈淑蓉　主　编
任凤香　饶竹芸　副主编
经济科学出版社出版、发行　新华书店经销
社址：北京市海淀区阜成路甲 28 号　邮编：100142
教材分社电话：010 – 88191345　发行部电话：010 – 88191522
网址：www. esp. com. cn
电子邮件：houxiaoxia@ esp. com. cn
天猫网店：经济科学出版社旗舰店
网址：http：//jjkxcbs. tmall. com
北京密兴印刷有限公司印装
787×1092　16 开　11.25 印张　270000 字
2012 年 12 月第 1 版　2012 年 12 月第 1 次印刷
ISBN 978 – 7 – 5141 – 2842 – 0　定价：23.00 元
(图书出现印装问题，本社负责调换。电话：010 – 88191502)
(版权所有　翻印必究)

前 言

本教材依据高等职业教育的培养目标和当前物流人才市场的需求，主要针对第三方物流企业的"物流费用结算员"岗位的知识和能力要求，将财会知识和物流营运环节紧密而有机地结合，解决"懂会计不懂物流，懂物流不懂会计"的用人困境，并按工学结合人才培养模式和课程理实一体化教学需要，创新设计，开发编写。以培养、训练学生对物流费用的计算、核算和结算的业务能力，满足第三方物流企业对"物流费用结算员"人才的需求，实现与物流费用结算员岗位的对接。

本教材设置了物流费用及费用结算认知、运输费用结算、仓储费用、包装费用、配送费用、流通加工费用、装卸搬运费用7个教学模块。在每个教学模块中，再根据业务类别设置相应的工作任务，使学生通过课程的学习能够全面地模拟物流费用结算员岗位的全部业务操作。

本教材是校企合作的产物，由首批国家骨干院校江西财经职业学院经济管理系主任程文忠教授和广东心怡科技物流有限公司财务经理陈淑蓉担任主编，江西财经职业学院任凤香老师和饶竹芸老师担任副主编；优化了教材结构，应用了项目学习、案例学习，引入了物流行业的新知识、新方法；使教材生活化、情景化、形象化；突出了重点，强化了衔接，体现了标准，创新了形式。

本教材在编写过程中得到了合作单位——江西煤炭销售运输有限责任公司、江西省煤炭工业物资公司、上港集团九江分公司等合作单位的大力支持，得到了学院领导的悉心指导，并参阅了国内外大量的文献资料及网络信息，借鉴和吸收了众多学者的研究成果，引用了物流行业各个领域的管理规章制度，不管文后是否列出，我们在此对原作者一并表示最真挚的谢意！

由于编写时间仓促，水平有限，同时采用了新的体例，教材中难免有错漏或者未注明之处，敬请广大读者批评指正，以便及时改进。如读者在使用本教材的过程中有其他意见或建议，恳请向编者提出宝贵意见。

编　者
2012年12月

目录

模块一　物流费用及费用结算认知　/ 1
　　任务一　物流及物流企业认知　/ 1
　　任务二　费用、成本及结算认知　/ 17

模块二　运输费用结算　/ 31
　　任务一　运输费用构成及计算　/ 31
　　任务二　运输费用结算　/ 40

模块三　仓储费用　/ 55
　　任务一　仓储费用构成及计算　/ 55
　　任务二　仓储费用结算　/ 66

模块四　包装费用　/ 76
　　任务一　包装费用构成及计算　/ 76
　　任务二　包装费用结算　/ 83

模块五　配送费用　/ 95
　　任务一　配送费用构成及计算　/ 95
　　任务二　配送费用结算　/ 106

模块六　流通加工费用　/ 118
　　任务一　流通加工费用构成及分配　/ 118
　　任务二　流通加工费用结算　/ 125

模块七　装卸搬运费用　/ 130
　　任务一　装卸搬运费用构成及计算　/ 130
　　任务二　装卸搬运费用结算　/ 134

实训软件资料　/ 142

附录　本公司会计科目及部门归属　/ 158
参考文献　/ 174

模块一

物流费用及费用结算认知

任务一　物流及物流企业认知

【知识目标】

1. 掌握物流的概念。
2. 掌握第三方物流的概念与特点。

【能力目标】

能准确区分不同的物流企业，熟悉物流营运环节。

【任务导入】

广东万里物流有限公司（以下简称“万里物流”）位于广东省广州市，主要为彩电、IT产品及家具产业链提供仓储、装卸、干线运输、区域性分拨配送、工厂整体物流外包、VMI等国内物流服务，该公司立足广州，辐射周边地区。公司地址：广州市××路××号；开户银行：中国农业银行广州分行，账号：103456234787654××××；税号：3700009015123××Z；法人代表：××；公司电话：020—38737××/38734××；传真：020—38767××。

2011年12月1日，该公司参与普利信息技术有限公司（以下简称“普利公司”）W产品在广州的物流外包业务的竞标活动，下面是万里物流的《普利公司W项目物流解决方案》的摘录。

普利公司W项目物流解决方案

普利信息技术有限公司总部设在北京市光华路888号，是HP的合资企业及代理商。

万里物流作为专业物流解决方案公司，提出了专为普利公司W项目制订的物流解决方案，该方案的内容和实施过程摘录如下：

一、万里物流整体资源平台的统一规划

在万里物流全国庞大的运输网络中，可统一调配的车辆达1 000多辆。同时，基于原有的万里产品销售网络，在全国设立了10个大型区域物流分拨中心，可使用的仓储资源面积达到20万平方米。

二、主要业务流程模块

万里物流针对W项目的需求，提供仓库验收、仓储管理、订单处理、仓库分拣、运输模式、客户终端服务等业务。主要业务流程：

(一) 仓库验收

此流程是国内物流业务的重要作业阶段，万里物流不仅要通过该作业过程确定实际到货的物料数据和物料质量，同时将及时向普利公司提供与W项目装箱单的物料数据差异，以支持普利公司商务部门完成补货流程。

1. 前期工作。按采购订单号整理包装单、商业发票、订单确认单，并将包装单显示的装箱货物订单号、对应产品、数量以及提单主副单号（MAWB、HAWB）录入Excel进行管理。

2. 暂存。仓库库管在根据提单和提货不良品记录确认入库数量和状态之后，按正品和不良品待验区分别入库暂存。

3. 验收现场。普利产品工程师需在现场进行技术指导和作业规范；以机柜和散件的验收方式进行单体验收，并对应包装单的描述准确记录到货商品名称、序号、数量。

4. 录入管理。万里物流将清点货物明细按照商品名称、序号、数量及对应采购订单号、MAWB、HAWB录入Excel进行管理；将包装单的Excel表与清点实物的Excel表进行数据比较分析，针对出现的差异进行进一步核对，落实最终库存及装箱差异。

(二) 仓储管理

由于W产品在包装尺寸、产品类型、销售配置标准及分拣频率上存在多样性，所以在库存分配和优化作业方面需要进行精细作业。

1. 验收区分类。验收清点时将清点完毕的货品在已验收区内进行分类；全部货物清点完毕后，在已验收区对已分不同储位的各类产品进行细分类。

2. 确定货位。对首次入库的W产品测量外包装尺寸（重量），确定相应的货架，估算确定每个货架所能存放的数量，给已有入库记录的同类产品找到相应的货架区。

3. 产品上架。产品上架，同时记录产品所对应的货位号，确认所有已清点货物上架完毕，将对应的货位号记录入实物的Excel表中。

4. ABC管理。在不断的分拣订单处理过程中，根据分拣频率对产品进行ABC分类，优化作业效率。

(三) 订单处理

1. 打印分拣清单。万里物流接收到普利公司出货通知单后，从信息系统中对出货库存进行确认，打印分拣清单。

2. 打印配送单。万里物流将分拣完毕后的物料数据在系统中进行核对，确认正确后打印出配送单。配送单在配送过程中作为货物出库、客户签收凭证文件，信息系统将跟踪货物各环节状况。

(四) 仓库分拣

1. 填写分拣清单。系统打印出的分拣清单显示了库位信息，仓库库管按照清单指定库位确认分拣产品、数量，并在清单"序列号"栏填写分拣出的产品的序列号。

2. 拣选操作。货物分拣到出库区，库管将机柜产品和备件产品区分开，将同种型号产品放置在一起，同种型号小件封在一个塑料袋内。

3. 核查。配送员在收到库管填写的分拣清单后，立即到现场对清单上的各项数据进行核查，若发现错发、漏发货物或数据记录错误应立即补正；根据确认的分拣清单，在系统中开具配送单。

（五）运输模式

W产品是高价值产品，所以降低运输风险和保证运输质量成为该项目运输模式的重要参考因素；同时，因其IT产品的特性，加急订单相对频繁。针对以上两个因素，万里物流向普利公司提供多模式的运输选择。

1. 多模式的运输选择。

（1）汽车整车运输运输。

（2）航空运输。

（3）汽车零担运输。

2. 运输模式选择条件。运输模式的选择基本上是基于货物价值的订单紧急性来决定的，万里物流根据每种运输模式实现的时间和安全性及对应货值效益指标评审，提出针对不同订单及要求的运输建议。

（六）客户终端服务

1. 发货包装。为购买W产品的客户提供快捷准确的验收程序。以清晰的单据格式指导客户明确到货明细，配合单据格式对发货进行包装。

2. 在途跟踪。客户仅根据配送单单据编号，通过万里物流可查询到该订单制定货物从运输开始到客户签收前的状态和数据资料。

3. 客户签收。为保证W产品的顺利成功交接，万里物流要求收货客户在配送单上注明到货状况、时间（具体到分钟），签收人签字、盖章（收货单位有效公章）确认。

三、普利公司W项目物流报价方案

1. 普利公司W项目全程物流业务流程。普利公司W项目全程物流业务流程，见图1-1。

2. 国内物流服务内容。

（1）装货清单/包装单/订单确认书文件数据整理汇总。

（2）空运仓库提货、核对数量、确定外包装完好、货损的及时发现、拍照存档。

（3）派车运输至万里物流HMS物流仓储中心。

（4）货物清点、与包装单核对、差异分析。

（5）信息系统设计、上线、调试、使用。

（6）信息系统BOM建立，创建收货订单。

（7）信息系统货物信息录入。

（8）货物分类、板卡的拆分、包装、货品上架、完成库存报表。

（9）仓储库存管理。

（10）接收普利公司出货订单，货品分拣、板卡的拆装、散件的包装、制作配送单。

（11）专车、空运、零担等多种联运方式的长、短途配送。

（12）配送单据反馈、报表的汇总提供、信息查询、信息系统报表的产生。

（13）W特殊单据的设计、制作，防静电袋等特殊包装物购买、抽屉式储位的设置、监

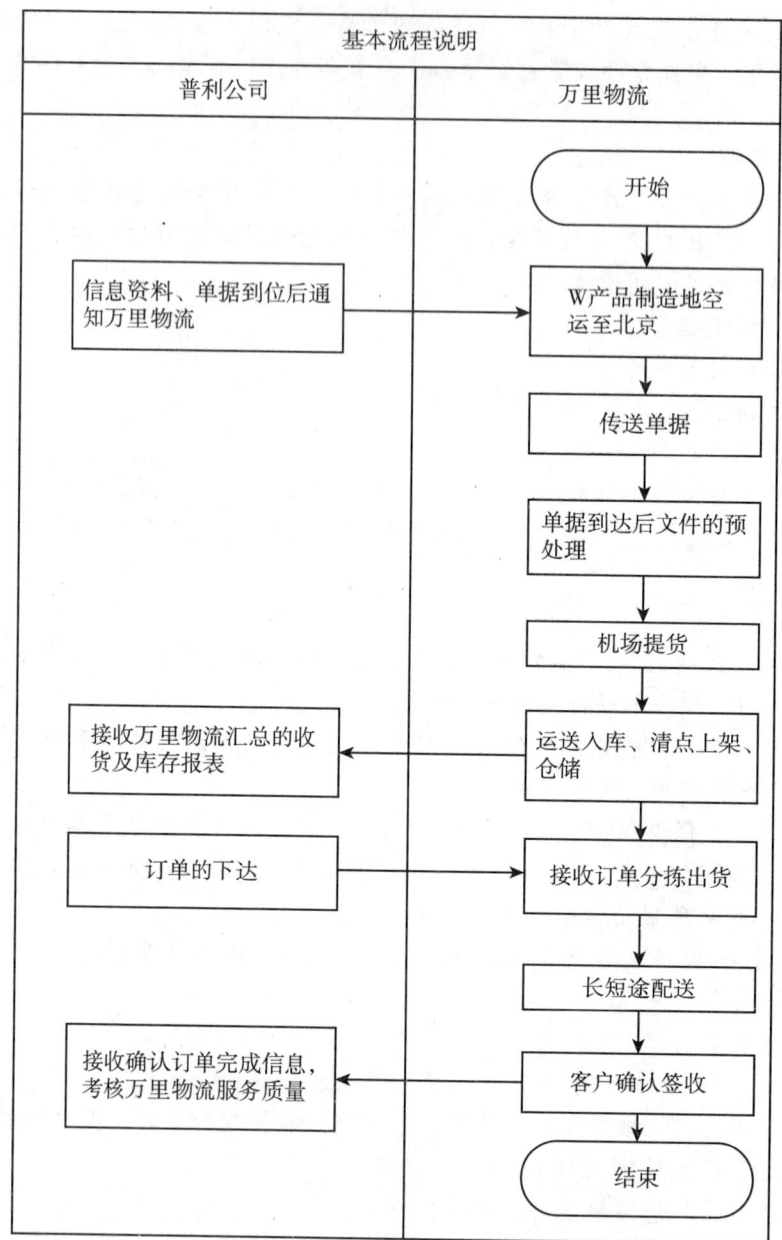

图 1-1 普利公司 W 项目全程物流业务流程

视系统的配备均包含在服务之内。

3. 物流服务收费。国内物流各项内容的 W 物流费用。

4. 物流服务收费不包含的内容。

（1）货物保险费用。

（2）加急订单的加急费用。

（3）其他为 W 项目提供的特殊服务费用。

5. 数据来源以及相关假设。

(1) 提供、运输（客运）。相关假设如下：

W 产品 90% 由制造地广州运往北京。

首次货值 6 750 000 元的产品，重量约为 8 吨，可认为 85 万元/吨为常态吨货值。

每次进货的货值不低于 500 万元。

(2) 收货。收货过程包括从机场仓库提货到仓库上架完毕的全过程。发生的费用包括：文件费、提货及运费、检验费、上架费。按上述假设，W 产品本次合计费用计算结果为：55 元/箱（共 100 箱）。

(3) 仓储。W 产品本次仓储费计算结果，见表 1-1。

表 1-1　　　　　　　　W 产品本次仓储费计算结果

立体货架费用	备件货位费用	验收区折旧费（验收区面积 100 平方米）
5.42 元/天·货架	0.25 元/天·货位	0.6 元/天·平方米

说明：

① 立体货架包括两个托盘货位，使用两个托盘。立体货架（5.42 元/天·货架）包括：托盘使用费（0.21 元/天·个）×2，仓储费 5 元/天·货架。

具体计算明细如下：

托盘成本 230 元/个，使用寿命 3 年，每天折旧 230÷365÷3 = 0.21（元）

立体货架的体积为：2.4×1.2×1.9 = 5.47（立方米）

面积：2.4×1.2 = 2.88（平方米）

按体积算月收费：5×30/5.47 = 27.4（元/立方米·月）

按面积算月收费：5×30/2.88 = 52（元/平方米·月）

② 备件货位的体积为：0.5×0.5×0.6 = 0.15（立方米）

面积：0.5×0.6 = 0.3（平方米）

按体积算月收费：0.25×30/0.15 = 50（元/立方米·月）

按面积算月收费：0.25×30/0.3 = 25（元/平方米·月）

根据具体的存储天数计算。

③ 假设。假设货物的平均周转率为：2 个月。

(4) 出货。出货过程是指普利公司订单下达后涉及仓库分拣费、配送单制作费、出货送货运费及中间费用（包括叉车装卸和第三地暂存等费用），出货后的库存核实，制作库存报表，分析差异。W 产品本次合计费用计算结果：45 元/箱（共 100 箱）。

(5) 运输费用。万里物流提供空运门到门、万里汽运专运、零担汽运三种方式运输的策略为：W 产品机柜（100 箱）的长途运输走整车和空运的方式；W 产品备件（2 420 件）长途运输主要走空运和零担的方式。

假设：

① 机柜产品 75% 发长途运输，5 箱为一批次，计费 4 000 元/次；

② 70% 的备件货品随机柜一同发货，剩余备件 75% 发运长途，20 件为一批次，计费

200元/次；

③机柜产品25%市内配送，按2箱一批次，计费150元/次；剩余备件25%进行市内配送，按15件一批次，计费100元/次。

（6）信息系统费用。在此次万里物流为普利公司提供的物流服务中，包括SAP系统使用费和为普利W项目个性化定制的系统开发费，万里物流决定予以免收，以表示万里物流的合作诚意。每一SKU信息费包括：创建、维护客户主数据，创建、维护物料主数据，创建、维护批次主数据，创建收发货订单，各项历史数据、提供各项报表等。常态使用费按保存每个单件（SKU）信息5元/次收费。

（7）折扣。由于以上计算中存在数字信息的放大，因此物流作业总费用按0.8系数给予折扣。

（8）管理成本、税金、利润。每次结算时在成本加权的基础上加收10%的管理成本、税金、利润。

（9）特别注明：一旦上述计算条件假设发生重大变化，万里物流有权重新核算成本、制定折扣系数。

6. 普利公司应配合完成的事项。

（1）提供货品的保质期等相关属性的资料。

（2）货物到空港前72小时提供以下文件：包装单与商业发票。

（3）每次进货拆箱和出货检验时，请普利公司的产品专家和工程师到现场指导。

（4）请普利公司委派专门负责W项目的物流管理人员与万里物流接洽。

7. 单据及付款条件。

（1）物流费用的结算发生在每次货物到达的下一个月10日以及顺推每月的10日，分两次结清，也就是说货物达到后三个月内结清所有的物流费用，每次结算的比例为50%。

（2）普利公司将在每次货物到达的下一月份5日以前将原始订单影印件提供给万里物流。

（3）万里物流将在每次货物到达的下一月份10日以前将发票寄给普利公司。

（4）普利公司收到发票后，于同月25日前将物流费用电汇至万里物流账户。

（5）电汇请汇至以下地址：

单位名称：广州万里物流有限公司

税号：3700009015123××Z

开户行：中国农业银行广州分行

账号：103456234787654×××

根据以上内容，完成以下两个任务：

1. 万里物流为普利公司提供的整体物流方案。
2. 全程物流费用核算过程。

【任务分析】

一、物流的认知

（一）物流的定义

1. 物的概念。物流中的"物"是指一切可以进行物理性位置移动的物质资料。物流中所指"物"的一个重要特点，是其必须可以发生物理性位移，而这一位移的参照物是地球。因此，固定的设施设备等，不是物流要研究的对象。

物资：我国专指生产资料，有时也泛指全部物质资料，较多指工业品生产资料。其与物流中"物"的区别是，"物资"中包含相当一部分不能发生物理性位移的生产资料，这一部分不属于物流学研究的范畴，例如建筑设施、土地等。另外，属于物流对象的各种生活资料，又不能包含在作为生产资料理解的"物资"概念之中。

物料：是我国生产领域中的一个专门概念。生产企业习惯将最终产品之外的，在生产领域流转的一切材料（不论其来自生产资料还是生活资料），如燃料、零部件、半成品、外协件以及生产过程中必然产生的边、角、余料、废料及各种废物统称为"物料"。

商品：商品和物流学中"物"的概念是互相包含的。商品中的一切可发生物理性位移的物质实体，也即商品中凡具有可运动要素及物质实体要素的，都是物流研究的"物"，有一部分商品则不属于此。因此，物流学的"物"有可能是商品，也有可能是非商品。商品实体仅是物流中"物"的一部分。

物品：是生产、办公、生活领域常用的一个概念，在生产领域中，一般指不参加生产过程，不进入产品实体，而仅在管理、行政、后勤、教育等领域使用的与生产相关的或有时完全无关的物质实体；在办公生产领域则泛指与办公、生活消费有关的所有物件。在这些领域中，物流学中所称之"物"，就是通常所称之物品。

2. 流的概念。物流学中之"流"，指的是物理性运动。物流的"流"，常被人误解为"流通"。"流"和"流通"既有联系又有区别。其联系在于，流通过程中，物的物理性位移常伴随交换而发生，这种物的物理性位移是最终实现流通不可缺少的物的转移过程。物流中"流"的一个重点领域是流通领域；"流"和"流通"的区别，主要在两点：一是涵盖的领域不同，"流"不但涵盖流通领域也涵盖生产、生活等领域，凡是有物发生物理的领域，都是"流"的领域；另一个区别是"流通"并不以其整体作为"流"的一部分，而是以其实物物理性运动的局部构成"流"的一部分。

3. 物流的定义。在我国国家标准《物流术语》的定义中指出：物流是物品从供应地到接收地的实体流动过程，根据实际需要，将运输、储存、装卸、搬运、包装、流通加工、配送、信息处理等基本功能实施有机的结合。

现代物流不仅单纯地考虑从生产者到消费者的货物配送问题，而且还考虑从供应商到生产者对原材料的采购，以及生产者本身在产品制造过程中的运输、保管和信息等各个方面，全面地、综合性地提高经济效益和效率的问题。

总的来说，物流是包括运输、搬运、储存、保管、包装、装卸、流通加工和物流信息处理等基本功能的活动，它是由供应地流向接受地以满足社会需求的活动，是一种经济活动。

【课堂思辨】物流还有哪些定义？

（二）物流的分类

物流的分类有多种。下面介绍几种典型的分类方法：

1. 按照从事物流的主体进行划分。

（1）第一方物流。第一方物流是指需求方（生产企业或流通企业）为满足自己企业在物流方面的需求，由自己完成或运作的物流业务。

（2）第二方物流。第二方物流是指供应方（生产厂家或原材料供应商）专业物流企业，提供运输、仓储等单一或某种物流服务的物流业务。

（3）第三方物流。第三方物流（Third Party Logistics，TPL 或 3PL）是指由物流的供应方与需求方以外的物流企业提供的物流服务。即由第三方专业物流企业以签订合同的方式为其委托人提供所有的或一部分的物流服务。所以，第三方物流也称为合同制物流。

（4）第四方物流。第四方物流（Fourth Party Logistics，4PL）是一个供应链的集成商，是供需双方及第三方的领导力量。它不是物流的利益方，而是通过拥有的信息技术、整合能力以及其他资源提供一套完整的供应链解决方案，以此获取一定的利润。它是帮助企业实现降低成本和有效整合资源，并且依靠优秀的第三方物流供应商、技术供应商、管理咨询以及其他增值服务商，为客户提供独特的和广泛的供应链解决方案。

2. 按照物流的范畴进行划分。

（1）社会物流。社会物流指超越一家一户的，以一个社会为范畴面向社会为目的的物流，因其涉及在商品的流通领域所发生的所有物流活动，因此社会物流带有宏观性和广泛性，所以也称为大物流或宏观物流。

（2）企业物流。从企业角度上研究与之有关的物流活动，是具体的、微观的物流活动的典型领域。企业系统活动的基本结构是投入—转换—产出，对于生产类型的企业来讲，是原材料、燃料、人力、资本等的投入，经过制造或加工使之转换为产品或服务；对于服务型企业来讲则是设备、人力、管理和运营，转换为对用户的服务。物流活动便是伴随着企业的投入—转换—产出而发生的。相对于投入的是企业外供应或企业外输入物流，相对于转换的是企业内生产物流或企业内转换物流，相对于产出的是企业外销售物流或企业外服务物流。

按企业性质不同有以下不同种类的企业物流：

① 生产企业物流：生产企业物流是以购进生产所需要的原材料、设备为始点，经过劳动加工，形成新的产品，然后供应给社会需要部门为止的全过程的物流形式。该过程要经过原材料及设备采购供应阶段、生产阶段、销售阶段，这三个阶段便产生了生产企业纵向上的三段物流形式。

② 流通企业物流：流通企业物流可分为采购物流、流通企业内部物流和销售物流三种形式。采购物流是流通企业组织货源，将物资从生产厂家集中到流通部门的物流。流通企业内部物流，包括流通企业内部的储存、保管、装卸、运送、加工等各项物流活动。销售物流是流通企业将物资转移到消费者手中的物流活动。

③ 服务企业物流：是指从生产到销售的整个物流过程中进行服务的"第三方"，它本身不拥有商品，而是通过签订合作协定或结成合作联盟，在特定的时间段内按照特定的价格向客户提供个性化的物流代理服务。它是以现代信息技术为基础、实现信息和实物的快速、准确地协调传递，提高仓库管理、装卸运输、采购订货以及配送发运的自动化水平。具体的物流内容包括商品运输、储存、配送以及附加的增值服务等。

【课堂思辨】物流还有哪些分类？

二、第三方物流企业的认知

(一) 第三方物流的概念

第三方物流，是相对"第一方"发货人和"第二方"收货人而言的。是由第三方专业企业来承担企业物流活动的一种物流形态。第三方物流既不属于第一方，也不属于第二方，而是通过与第一方或第二方的合作来提供其专业化的物流服务；它不拥有商品，不参与商品的买卖，而是为客户提供以合同为约束、以结盟为基础的、系列化、个性化、信息化的物流代理服务。

第三方物流内部的构成一般可分为两类：资产基础供应商和非资产基础供应商。对于资产基础供应商而言，他们有自己的运输工具和仓库，他们通常实实在在地进行物流操作；而非资产基础供应商则是管理公司，不拥有或租赁资产，他们提供人力资源和先进的物流管理系统，专业管理顾客的物流功能。广义的第三方物流可定义为两者结合。

(二) 第三方物流的优缺点

1. 第三方物流的优点。它可使企业能够获得更大的竞争优势，主要表现在：

(1) 可使企业集中精力于核心业务。由于任何企业的资源都是有限的，很难成为业务上面面俱到的专家。为此，企业应把自己的主要资源集中于自己擅长的主业，而把物流等辅助功能留给物流公司。

(2) 灵活运用新技术，实现以信息换库存，降低成本。当科学技术日益进步时，专业的 3PL 能不断地更新信息技术和设备，而普通的单个制造公司通常一时间难以更新自己的资源或技能；不同的零售商可能有不同的、不断变化的配送和信息技术需求，此时，3PL 能以一种快速、更具成本优势的方式满足这些需求，而这些服务通常都是制造商一家难以做到的。同样地，3PL 还可以满足一家企业的潜在顾客需求的能力，从而使企业能够接洽到零售商。

(3) 减少企业固定资产投资，加速资本周转。企业自建物流需要投入大量的资金购买物流设备，建设仓库和信息网络等专业物流设备。这些资源对于缺乏资金的企业特别是中小企业是个沉重的负担。而如果使用 3PL 不仅减少设施的投资，还解放了仓库和车队方面的资金占用，加速了资金周转。

(4) 提供灵活多样的顾客服务，为顾客创造更多的价值。假如你是原材料供应商，而你的原材料需求客户需要迅速的货源补充，你就要有地区仓库。通过 3PL 的仓储服务，你就可以满足客户需求，而不必因为建造新设施或长期租赁而调拨资金并在经营灵活性上受到限制。如果你是最终产品供应商,利用 3PL 还可以向最终客户提供超过自己提供给他们的更多样的服务品种,为顾客带来更多的附加价值,使顾客满意度提高。

2. 第三方物流的缺点。第三方物流也会给企业带来以下不利:

(1) 企业不能直接控制物流职能,不能保证供货的及时性和准确性,不能保证顾客服务的质量。

(2) 3PL 设计的方案通常都是针对不同的客户量身定制的,不具有广泛适用性。因此 3PL 公司不具有规模经济性,3PL 公司在为客户减少了配送成本的同时,随之而来管理成本却会上升,因此为货主节约的最终成本非常有限。

(3) 传统上,企业可以通过优化库存、利用地区服务代理商和 3PL 公司来满足客户不断增长的需要。但是到现在,客户需要包括电子采购、订单处理能力、虚拟库存管理等。企业发现 3PL 提供商缺乏当前所需要的综合技能、集成技术、战略和全球扩张能力。

小知识

据美国权威机构统计,通过第三方物流公司的服务,企业物流成本会下降 11.8%,物流资产下降了 24.6%,办理订单的周转时间从 7.1 天缩短为 3.9 天,存货总量下降了 8.2%。据调查,在西方发达国家,第三方物流已经是现代物流产业的主体。欧洲的大型企业,使用第三方物流的比例高达 76%,而且 70% 的企业不止使用一家。在欧洲,第三方物流所占市场份额,德国为 23%,法国为 27%,英国为 34%。美国、日本等国家使用第三方物流的比例都在 30% 以上。在工业企业中,原材料的物流交由第三方物流完成的占 18%;商品销售物流仅占 16%。

目前,我国的第三方物流在物流市场中所占的比例仅为 10%。还没有太多大型专业的第三方物流企业,这是当前物流发展中最薄弱的环节,也制约了我国经济的发展。

资料来源:每日商报 (2012 - 8 - 24) 21 版,第三方物流板块:企业要求降低成本的受益者。

(三) 第三方物流的基本方式

根据国外发展物流所走过的道路以及我国物流发展的基本实践,我国物流企业发展第三方物流有两种基本方式。

1. 渐进式发展。通过自身物流业务不断壮大力量,积累资源和运作管理经验,再发展成为专业物流集成经营者,为中小企业提供全面物流服务。

2. 跨越式发展。通过联盟契约与中小企业进行资源整合,迅速壮大物流能力,超常规成为专业化第三方物流企业。

(1) 政策途径。物流企业面向中小企业发展第三方物流存在一定的障碍,需要各级政府制定鼓励政策,给予积极指导,从信贷、金融政策等方面营造有利于发展的政策环境,并切实扶持和指导中小企业积极重组和发挥资源力量,启动和促进第三方物流在中小企业中的发展。

(2) 市场途径。随着中小企业的发展,物流需求不断增长,物流企业应深入研究中小企业物流的发展规律,以需求为导向,迅速有效地拉动第三方物流的发展。

(3) 企业途径。物流发展能够创造价值和利益,是驱动物流企业主导自身发展第三方物流的基本动力。

(4) 社会途径。发展第三方物流要全社会的积极协作和支持,在社会各方力量的作用下,实现产业联动,全面发展。

三、物流企业运营环节

(一) 订单处理

物流活动起始于客户的咨询、业务部门的报表,而后由订单的接收,业务部门查询出货日的存货状况、装卸货能力、流通加工负荷、包装能力、配送负荷等来答复客户,而当订单无法依客户之要求交货时,业务部加以协调。

(二) 运输作业

受理订单后合理安排货物的发车时间,保证货物按照甲方(客户)的到货时间要求,安全、准确、及时地到达目的地。如货物在途运输发生任何突发事件,使货物不能够及时到达目的地的,乙方(物流公司)需第一时间通知甲方,以便采取相应的补救措施,尽量避免损失。运输车辆到达目的地后,目的地办事处人员要按照运单要求及时通知客户提货或安排送货,保证货物运输的及时性。货物到达目的地,收货方对货物验收无误后,要及时签收回单,同时办事处人员将回单带回物流公司,运输作业完成。

(三) 仓储作业

仓储作业包括入库、库存管理及出库作业等。当货品到达仓库时,做入库资料查核、入库物品检查,查核入库货品是否与采购单内容一致,当品项或数量不符时即做适当的修正或处理,并将入库资料登录建档。入库管理员可依一定方式指定卸货及栈板堆叠。库存管理作业包含仓库区的管理及库存数量控制。仓库区的管理包括货品于仓库区域内摆放方式、区域大小、区域的分布等规划;货品进出仓库的控制遵循:先进先出或后进先出;进出货方式的制定包括:货品所用的搬运工具、搬运方式;仓储区储位的调整及变动。库存数量的控制则依照一般货品出库数量、入库所需时间等来制定采购数量及采购时点,并做采购时点预警系统。出库作业主要内容包含依据客户订单资料印制出货单据,制定出货排程,印制出货批次报表、出货商品上所要的地址标签及出货检核表。

(四) 包装作业

无论是原材料、半成品或成品,在搬运输送之前都要加以不同程度的包装,以保证原材料、半成品或成品完好无损地运送到需求者手中。包装是生产的终点,同时也是物流的起点。包装在维持产品的存在价值和使用价值方面发挥着重要作用。

(五) 流通加工作业

流通加工作业包含商品的分类、过磅、拆箱重包装、贴标签及商品的组合包装。而欲达成完善的流通加工,必须执行包装材料及容器的管理、组合包装规则的制定、流通加工包装工具的选用、流通加工作业的排程、作业人员的调派。

(六) 配送作业

配送商品的实体作业包含将货品装车并实时配送，而达成这些作业则须事先进行配送区域的划分或配送路线的安排，由配送路径选用的先后次序来决定商品装车的顺序，并于商品的配送途中做商品的追踪及控制、配送途中意外状况的处理。

四、物流企业相关岗位职责

(一) 仓储主管

（1）仓库各项业务工作。
（2）负责公司仓库的相关操作规范的制定，并负责在实施中的指导与监督。
（3）负责公司仓库的规划工作，并负责实施中的指导与监督。
（4）负责仓库租赁费用的核定工作。
（5）负责仓库的安全检查工作。
（6）负责处理仓库的突发性事件，并在最短时间内作出正确的处理方案。
（7）全面掌握库存滞销品的情况，并协助销售和售后共同完成库存滞销品的控制工作。
（8）负责处理仓库内各种漏装、缺损、旧损等不良品的处理工作，积极与采购一起向上游供应商联系，及时解决。
（9）负责仓库出险后的索赔工作，积极协助保险公司工作，在最短的时间内得到赔偿。
（10）负责随时掌握公司的库存情况，以协助计划部门在分配货物方面作出准确的判断。
（11）对公司仓管的工作均有指导责任，并负责各岗位的考核工作。
（12）完成总经理及各部门经理交办的其他临时性工作。

(二) 运输主管

（1）负责公司货运的相关操作规范的制定，并负责在实施中的指导与监督。
（2）负责协助仓储主管一同完成整个公司的物流规划工作，并负责实施中的指导与监督。
（3）负责与物流公司沟通，达到良好合作的目标。
（4）负责物流费用的核定工作。
（5）负责处理货运过程中的各项突发性事件，并在最短时间内作出正确的处理方案。
（6）负责跟进货运过程中的每一个交接环节，必须确保货畅其流。
（7）负责调动公司的物流系统各项工作职能的全面投入，确保货物按时供货、准点到位。
（8）负责跟进、协调、应急处理货物发运过程中出现的各种随机性突发问题，并处理货运中出现的各种漏装、缺损、进水等不良情况，记录在案，并负责及时协商处理。
（9）负责提前通知各分公司的仓库做好接货入仓的各项准备工作。
（10）负责跟进所有的物流运单，包括供货商出发的及各分公司之间调拨的运单，并第一时间发送商品货运通告，通知收货方。

（11）负责跟进货运过程中的每一个交接环节，必须确保货畅其流。

（12）负责根据调度指令，调动各分公司的物流系统各项工作职能全面投入，确保商品按时供货、准点到位。

（13）负责确认发运商品是否安全、快捷、准点到达收货方目的地。

（14）负责确认发货单回单及时回到财务部。

（15）负责运输保险的相关事宜，并完成出险后向保险公司的索赔工作。

（16）完成总经理及部门经理交办的其他临时性工作。

（三）物流结算员

（1）负责核实保管员和车间领料员开出单据的数量是否有误；根据财务物料规定，结算出入库验收单；根据入库单据登记入账，做到账目清晰、准确、账账相符。

（2）负责核实客户所持送货单据是否有效，是否符合公司规定；负责核实客户送货单上的数量和品种，出具验收证明，并填写客户送货登记表，做到清晰、准确、无遗漏。

（3）负责与本部门、仓库、财务对账。

（4）负责根据客户需要，将客户货物直接调拨生产车间使用或调拨新的货物验收入库。

（5）负责各地区客户货物数量汇总，并报上级领导。

（6）负责汇总本月货物入库数量，报上级主管。

（7）负责汇总各类货物月底库存表，报仓库计账员。

（8）负责协助各类数据查询。

（9）执行结算管理制度，进行往来账户核算。

（10）发票领用管理，管理结算报表，保证结算信息有效沟通。

（11）对应收、应付账款进行统计、分析、催收与核账。

（12）提高回款速度，降低应收款管理成本。

（13）完成上级领导交办的其他工作。

需要注意的是，除了以上职责，物流结算员一项重要的工作就是计算物流费用。

五、物流费用计算及物流报价

在计算运输费用时，不同的承接方式，计算物流费用的方法也不同。

门到门的物流费用 = 货物运输费用 + 提货费用 + 派送费用；

门到站的物流费用 = 货物运输费用 + 提货费用；

站到站的货物运输费用就是物流费用；

站到门的物流费用 = 货物运输费用 + 派送费用。

计算出物流费用，乘以我们的预定利润系数（假设设定的利润系数为35%），就可以得出报价。

【例1-1】有一客户要发2件15公斤的货（资料）到广州，要求2天送到，货款到付。我们试着来确定一下报价。

（1）时效要求：2天；

(2) 货物性质：资料；

(3) 包装要求：无；

(4) 货物运输方式：航空，航空公司对外报价 7.6 元/公斤；

(5) 承运方式：门到门；

(6) 付费方式：到付（货到付款）；

(7) 托运单位：选择 A 单位，其到广州单价是 2.2 元/公斤，最低收费 60 元/票；

(8) 派送单位：物流公司自己的分公司，派送成本提货燃油费 15 元，派送燃油费 15 元。

综合考虑：提货加发货燃油费 30 元，货物运输费用 60 元，机场提货费 15×0.4=6（元），派送成本 30 元，总费用为 30+60+6+30=126（元）。那么我们的成本单价就是 126/15=8.4（元/公斤）。然后乘以我们的利润系数 8.4×(1+0.35)=11.34（元）。那么这个价格能够报给客户吗？

我们的托运单位 A 单位的报价里面：单价是 2.2 元/公斤，最低收费是 60 元。如果 A 单位按照单价收取我们的费用就是 2.2×15=33（元）。但显然他们收取我们的是 60 元。这个 60 元是最低收费。因此在考虑报价的时候，最低收费是必须要考虑的因素。我们刚才得出的单价是 11 元/公斤，远远高出实际的航空货物运输报价 2.2 元/公斤，也大大高于航空公司的对外报价 7.6 元/公斤，所以客户是不可能接受的。但，我们的成本确确实实是 8.4 元/公斤，按照航空公司的对外统一报价我们也是赔钱的，我们还有做的必要吗？回答当然是有必要。既然航空公司可以设立最低收费，我们当然也可以设定最低收费，通常我们规定的航空最低收费标准是 180 元/票（门到门）那么在最低收费保障的情况下，我们就可以合理地进行单价报价了。

单价报价其实是按照这样的原则来报的：（提货单价+货物运输单价+派送单价）×（1+利润系数）。提货单价和派送单价虽然各个公司标准都不太一样，正常来讲都是 1 元左右，那么单价报价就是：(1+2.2+1)×1.35=5.67（元/公斤）。这个价钱就比较合理了。不过还不是太合理，为什么呢？因为我们的提货单价和派送单价都会随着货量的增加而减少，比如我们提 50 公斤的货和提 500 公斤的货，就费用而言，燃油费是相同的，那么我们用了 30 元的燃油费，50 公斤的时候提货单价就是 30/50=0.6（元）；500 公斤的时候就是 30/500=0.06（元）。派送单价亦然。那么 500 公斤的时候我们的单价报价就变成了：(0.06+2.2+0.06)×1.35=3.1（元）。因此，合理的报价应该是按照货量等级来报的。

当然，有些客户为了结算方便，往往要求我们报一个统一价格，那么我们就采用加权平均值来进行处理。像上面的情况，这个客户发 50 公斤以下货物的概率 30%，发 500 公斤以上的概率是 20%，50~500 公斤的概率是 50%。那么我们就先来算算这几个区域的代表价格：50 公斤时，(0.6+2.2+0.6)×1.35=4.6（元）；250 公斤时，(0.12+2.2+0.12)×1.35=3.3（元）；500 公斤时，3.1 元。那么我们进行加权平均后得出的报价是：4.6×0.3+3.3×0.5+3.1×0.2=3.7（元）。再考虑到我们的一些不确定因素，我们报出 4 元/公斤的单价就比较合理了。当然，还要附加上最低收费 180 元/票。

我们这里得到的报价还仅仅是货物运输费用报价，在货物运输环节当中还有很多其他的报价存在。比如上面提到的在加急和定时货物运输时，就要考虑进去加急和定时产生的额外费用，通常收取的加急费是在正常运费的基础上增加 150%。比如运费单价是 5 元/公斤，那么加急费用就是 5×(1+1.5)=12.5（元/公斤）。此外，如果客户有包装要求，还要收取一定的包装加固费。包装加固费用主要是考虑包装物成本和人工成本。通常比较流行的报价方案是：纸箱包装（包含泡沫）是 200 元/立方；木制包装是 500 元/立方。比如，我们用纸箱进行包装后的货物体积是 2.4 立方，那么包装费用就是 $200 \times 2.4 = 480$（元）。同样的货物如果是用木制包装，那么包装费用就是 $500 \times 2.4 = 1200$（元）。另外还有几种比较常用的报价，如：保费、代收款手续费、对付款手续费等。

保费：是按照物流公司和客户约定的保险费率（通常是 0.5%、0.3% 等，没有定数）乘以客户的投保金额。比如投保金额是 16 000 元，保费就是 $16\ 000 \times 0.5\% = 80$（元）。

代收款手续费：是按照物流公司和客户约定的手续费率（通常是 0.1% 等，没有定数）乘以客户的代收款金额。比如代收款金额是 16 000 元，代收款手续费就是 $16\ 000 \times 0.1\% = 16$（元）。

另外，还需考虑包装要求。就是客户提出需要我们对所委托货物进行的包装加固。比如：木托、木箱、薄膜等。在客户提出包装加固的要求时，由于客户对自己的货物了解透彻，往往是合理的要求，我们必须按照要求去做；如果客户提出的包装要求根本无法适应货物运输的要求，操作员应当向客户提出合理化建议，采取更合理的包装方式。再者，有些客户没有提出任何包装要求，但就货物本身而言，要达到货物运输标准必须进行包装加固的，结算员也应当向客户提出包装建议，并附上包装费用。这里还要强调的一点是：任何一种货物运输方式都无法保证百分之百的安全，因此在接受客户的包装要求之后，必须明确一点，外包装是否破损应当作为我们最终验收的目的，或者另上保险。

【知识拓展】

广东万里物流有限公司结算员招聘

岗位职责：
1. 供应商费用的统计，核对以及录入；
2. 项目经营费用的统计和录入；
3. 项目收入明细的核对以及录入；
4. 负责提供总部财务所需的一切单证；
5. 提供项目每月损益表给公司总部财务和项目经理。

任职资格：
1. 大专以上学历，一年以上相关岗位工作经验；
2. 品行端正、责任心强，工作细致认真，严格遵守财务纪律；
3. 具有服务意识，能承受较大工作压力，具有良好的沟通能力及团队合作意识；
4. 熟悉日常财务软件及办公软件操作，EXCEL 操作熟练；
5. 可根据公司需要，接受外派者优先。

工作地点：广州、东莞寮步镇、南宁、厦门。

【课堂思辨】物流企业还有哪些岗位？对应的岗位职责又有哪些？

【任务实施】

1. 万里物流作为第三方物流企业，为普利物流提供的整体物流方案如图 1-2 所示。

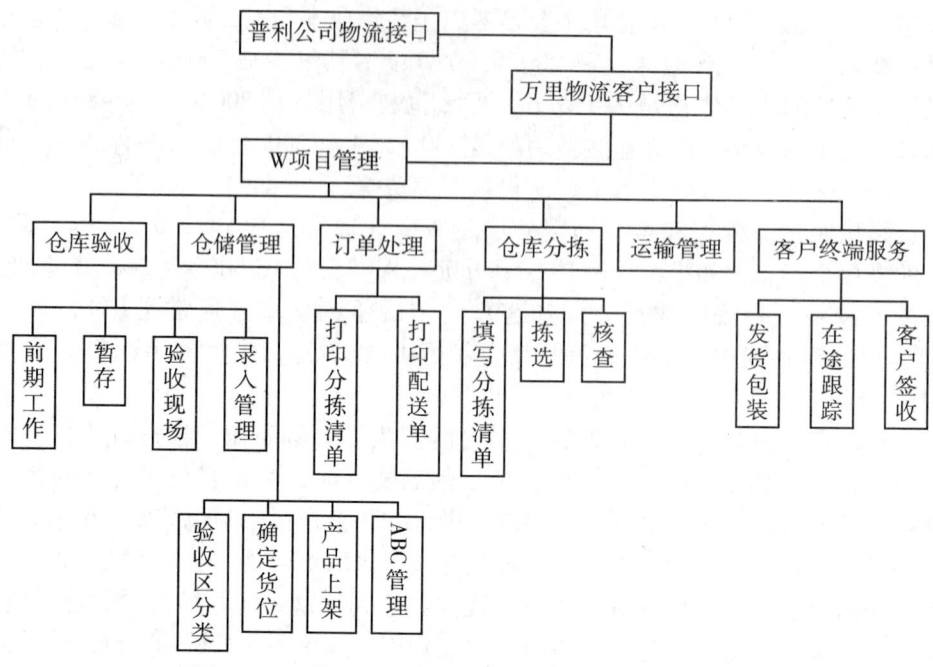

图 1-2　普利公司 W 项目全程物流业务流程

2. 全程物流成本核算过程见表 1-2。

表 1-2　全程物流成本核算过程（以一次发货 100 箱为例，进行如下测算）

国内物流	
1. 收货、仓储、出货费用	
货值	6 750 000 元
箱数	100 箱
平均每箱价值	67 500 元
收货	55 元/箱
仓储	100 元/箱
出货	45 元/箱
总计	200 元/箱
占货值的百分比	0.30%
2. 运输费用（假设 70% 的备件是与机柜在同一批中发送）	
W 产品机柜箱数	100 箱
备件件数	2 400 件
长途运输费用计算	
按总箱数 75% 发运长途	75 箱
5 箱为一批次	发送 15 次

续表

长途运输费用计算	
平均每次 4 000 元计算	共 60 000 元
剩余备件 75% 发运长途	540 件
20 件为一批次	发送 27 次
平均每次 200 元计算	共 540 元
合计	60 540 元
市内配送费用计算	
按总箱数 25% 为市内配送	25 箱
2 箱为一批次	发送 13 次
平均每次 150 元计算	共 1 950 元
剩余备件 25% 市内配送	180 件
15 件为一批次	发送 12 次
平均每次 100 元计算	共 1 200 元
合计	3 150 元
运输费用总计	63 690 元
占货值的百分比	0.94%
信息系统费用	
SKU 数量	2 500
按 5 元/SKU	共 12 500 元
占货值的百分比	0.185%
物流费用百分比	1.425%
总体按 8 折计算	1.14%
结算时在成本加权的基础上加收 15% 的管理成本、税金、利润	
加 10% 费用	1.25%
普利公司 W 项目全程物流费用	84 375 元

任务二 费用、成本及结算认知

【知识目标】

1. 掌握费用、成本的概念及区别。
2. 掌握费用结算的种类，了解网上支付与结算方式。

【能力目标】

1. 能够判断费用的性质。
2. 能够初选费用结算方式。
3. 能够利用网上支付工具完成一笔物流结算。

【任务导入】

2011年12月6日,万里物流打算在网上采购办公用品,欲用电子信用卡的形式支付购货款。财务经理委托财务部王晶去办理一张金额为2万元的农行电子支付卡。王晶该如何办理?

【任务分析】

一、费用与成本认知

(一) 费用与成本概念

1. 费用的概念。费用是指企业在日常活动中发生的、会导致所有者权益减少的、与所有者分配利润无关的经济利益的总流出。

本书涉及物流企业的费用是指物流企业在运输、仓储、配送、装卸搬运等各物流业务日常活动过程中所发生的经济利益的流出。

2. 成本的概念。成本是和收入相关的,是已经确定了归属期和归属对象的各种费用。在不同的企业,由于其经营业务的不同,成本的表现形式也不相同。

3. 费用的分类。一般来说,费用是按其经济用途来分类的,以物流企业为例费用可分为营运成本和期间费用两大类。

(二) 对案例中各项费用的剖析

1. 营运成本。

(1) 直接费用。

① 直接材料:是指物流企业在向客户提供运输、装卸、仓储、配送等业务时所耗用的各种材料费用,如燃料、轮胎、包装物等。

② 直接人工:是指物流企业在向客户提供运输、装卸、仓储、配送等业务的作业人员的各种薪酬。

③ 其他直接费用:是指物流企业在向客户提供运输、装卸、仓储、配送等业务时所发生的不属于材料费用和人工费的其他直接费用。如低值易耗品摊销费、折旧费、修理费、事故损失、包装物费用、保险费。此外,还有一些在营运过程中发生诸如照明费、运输管理费、劳动保护费及其他费用等也属于其他直接费用。

(2) 营运间接费用。营运间接费用是指物流企业为组织和管理各环节业务时而发生的各项费用,如车站管理人员的工资、折旧费、办公费、水电费等。

可见物流企业的营运成本就是指物流企业在运输、仓储、配送、装卸搬运等营运过程中实际发生的与营运业务有关的各项费用支出。

2. 期间费用。期间费用是指物流企业发生的不记入主营业务成本的费用，这些费用是在经营过程中发生，但与主营业务活动没有直接联系的费用，这些费用容易确定其发生的期间和归属期间，但不易确定它们应归属的成本计算对象，按现行财务制度规定，对这类费用按一定期间进行汇总，计入当期损益，因此称为期间费用。期间费用又按其经济用途进一步分为管理费用、财务费用和销售费用。

二、结算认知

(一) 物流结算的含义与作用

结算一般是指对单位或个人在社会经济活动中因商品交易、劳务供应、资金调拨及其他款项往来而产生的债权债务关系进行清偿的行为。物流结算是指在物流活动过程中，通过使用结算工具及一定的结算方式，结清由于采购物资、货物运输、货物仓储、货物配送等环节发生的资金往来及货币给付的行为。

目前，随着社会商品化程度的增强，通过票据和结算凭证的转账结算形式成为物流企业结算的主要形式。这一结算形式有利于加强银行对企业资金的监督；有利于实现企业资金周转，提高资金效益；有利于维护交易双方的正当权益，及时结清款项。

(二) 物流结算的种类

1. 国内物流结算。国内结算是指在中华人民共和国境内的当事人在社会经济活动中使用票据、信用卡、汇兑、托收承付、委托收款、国内信用证等结算方式进行货币给付及其资金清算的行为。那么国内物流结算是指在中华人民共和国境内的物流企业与另一方本国当事人通过一定的结算工具结清双方在物流活动中发生的交易款项的行为。

现行国内物流结算方式方法主要有：汇票、本票、支票、信用卡、汇兑、委托收款、托收承付，概括为"三票一卡三方式"。

2. 国际物流结算。国际结算一般是指对两个不同国家的当事人在社会经济活动中因商品交易、劳务供应、资金调拨及其他款项往来而产生的债权债务关系进行清偿的行为。

现行国际物流结算方式主要有汇款、托收、信用证方式。

3. 网上物流结算。目前，基于 Internet 平台的普及应用和客户对结算功能的高要求，一种新型的结算方式兴起。网上物流结算主要是以电子商务为基础，以商业银行为主体，使用安全的、主要基于 Internet 平台的运作，通过网络进行的，为交易的物流企业提供货币给付的现代化结算手段。

现行网上物流结算方式主要有电子现金支付与结算、电子信用卡支付与结算、电子支票支付与结算三种方式。

(三) 选择结算方式

要完成国内结算，必须严格遵循《支付结算方法》中的规定。两个企业之间进行资金的结算首先在于选择一种合适的结算方式。国内企业发生交易，通常可以选择的结算方式有汇票、本票、支票、信用卡、汇兑、委托收款、托收承付及国内信用证等。企业合理选择结算方式有利于加速资金周转，抑制货款拖欠，防范风险。然而，从近几年的结算实践看，各种结算方式的推广使用不够均衡，如支票、银行汇票、汇兑及委托收款使用最多，银行承兑汇票、信用卡及托收承付的使用居其次，比较差的为银行本票、商业承兑汇票，而国内信用证结算方式至今几乎没有使用的前例。那么，企业该选择哪种结算方式结清双方的债权债务关系，这就需要交易双方考虑很多因素。

1. 各种结算方式的适用范围、特殊规定及其优缺点。各种结算方式有各自的特点和适用范围，这就要求企业合理选择结算方式。如银行汇票由银行作为付款人，付款保证性强，但只适用于异地结算，且有结算金额起点的限制；银行本票是见票即无条件支付，付款保证性很高，但只适用于单位或个人在同一票据交换区域支付款项时结算，且手续相对繁杂；支票有现金支票、普通支票和转账支票，手续简便，可满足多种用途，但支票结算一般也适用于单位或个人在同一票据交换区域支付款项时结算，同时这种结算方式有签发空头支票的可能；信用卡结算正越来越被企业和个人接受和使用，具有交易方便灵活、可以在一定额度内透支的特点，且适合同城和异地结算，但目前使用该方式结算时仍然受信用卡网络的完善程度及信用卡功能开发程度等因素的限制；汇兑结算具有结算手续简便、结算方式灵活且没有金额起点限制等特点，但该结算方式仅适用于水费、电费、电话费等付款人众多及分散的事业性收费结算；使用托收承付结算方式有比其他结算方式更多的限制，如对收付款单位的要求，对金额起点的限制，对款项来源的要求等；国内信用证方式结算适用于国内企业商品交易的款项结算，一般不用于劳务款项的结算，目前国内款项结算较少使用这种方式。

2. 结算方式的选择要与企业经营管理要求相结合。各种结算方式有优缺点，企业选择何种结算方式除了需要考虑结算本身的适用范围外，还必须结合企业实际选择。企业一般需要考虑以下因素，如企业产品的特点、企业款项收回的迫切性、对方的信用情况等。

（四）物流结算工作流程

国内物流结算较为简单，主要由商业银行这一中介机构代为完成。办理结算的单位、个人或其他组织需要在银行开立存款账户，账户内保留足够的结算资金，或者直接向银行交付结算资金和相关费用，不需要在银行开立存款账户。按照银行的指示，缴纳一定的手续费后，可以快速地完成结算过程。

国际物流结算中，货款的结算主要由跟单员来完成。跟单员对出口货物的跟单工作主要有：接单，跟进生产，出货跟踪，制单结汇等。结汇是跟单的最后一个环节。信用证结算方式下，受益人只要提交符合规定的单据，就可以及时收到货款。

网上物流结算较其他结算方式更为便捷，服务功能更加强大。办理结算的单位、个人或其他组织需要拥有一台上网的个人电脑，然后上网注册、开户、支付等，一般几分钟内即可按照操作步骤完成结算业务。

三、网络结算

(一) 网上支付与结算概念

所谓网上支付与结算可以理解为电子支付的高级方式，它以电子商务为商业基础，以商业银行为主体，使用安全的主要基于 Internet 平台的运作平台，通过网络进行的，为交易的客户间提供货币支付或资金流转等的现代化支付结算手段。

网上支付与结算的运作是一个体系运作，网上支付与结算系统一般包括计算机网络系统、网上支付工具、安全控制机制等。

(二) 网上支付结算方式

网上支付结算方式也在发展与完善，类型也越来越多，有信用卡网上支付，智能卡、电子现金、电子支票、电子钱包、电子汇兑等方式。这些网上支付结算工具的共同特点，都是将现金或货币无纸化、电子化和数字化，应用以 Internet 为主的网络进行资金信息的传输、支付和结算，辅以网络银行，实现完全的网上支付。

【知识拓展】

电子商务的发展，为物流业的发展拓展了空间，网上支付与结算也为物流结算提供了更快捷、更方便的支付途径。

物流电子商务 ＝ 网上信息传递 ＋ 网上交易 ＋ 网上结算 ＋ 物流配送

伴随着银行应用计算机网络技术的不断深入，银行已经能够利用计算机应用系统将传统的"现金流动"、"票据流动"进一步转变成计算机中的"数据流动"。资金在银行计算机网络系统中以人类肉眼看不见的方式进行转账和划拨，这是银行业推出的一种现代化支付方式。这种以电子数据形式存储在计算机中并能通过计算机网络来使用的资金被人们越来越广泛地应用于电子商务中。

小知识

什么是电子商务

电子商务划分为广义和狭义的电子商务；广义的电子商务是使用各种电子工具从事商务或活动；狭义的电子商务是指利用 Internet 从事商务或活动。

电子商务是在技术、经济高度发达的现代社会里，掌握信息技术和商务规则的人，系统化地运用电子工具，高效率、低成本地从事以商品交换为中心的各种活动的总称。

1. 电子支付与电子货币支付与结算。

(1) 电子支付与结算。电子支付是以商用电子化工具和各类电子货币为媒介，以计算机技术和通信技术为手段，通过电子数据存储和传递的形式在计算机网络系统上实现的流通和支付。

电子支付是单位、个人直接或授权他人通过电子终端发出支付指令，实现货币支付与资

金转移的行为。

电子支付的类型按电子支付指令发起方式分为网上支付、电话支付、移动支付、销售点终端交易、自动柜员机交易和其他电子支付。电子支付是一种业务过程，而不是一种技术。但是，在进行电子支付活动的过程中，会涉及很多技术问题。电子支付指令与纸质支付凭证可以相互转换，二者具有同等效力。与传统的支付方式相比，电子支付具有以下特征：

① 电子支付是采用先进的技术通过数字流转来完成信息传输的，其各种支付方式都是采用数字化的方式进行款项支付；而传统的支付方式则是通过现金的流转、票据的转让及银行的汇兑等物理实体的流转来完成款项支付。

② 电子支付是基于一个开放的系统平台之中；而传统支付则是在较为封闭的系统中运行。

③ 电子支付使用的是最先进的通信手段；而传统支付使用的则是传统的通信媒介。电子支付对软、硬件设施的要求很高，而传统支付则没有这么高的要求。

④ 电子支付具有方便、快捷、高效经济等优势。用户只要拥有一台上网的 PC 机。便可足不出户，在很短的时间内完成整个支付过程。支付费用仅相当于传统支付的几十分之一，甚至几百分之一。

电子支付是电子商务发展的必要条件，对电子商务的发展有很大的作用，是支付的发展方向，只有通过电子支付，才能充分发挥电子商务的优势。但是电子支付需要一个十分安全的电子支付系统，尤其在国际贸易中。因此，目前许多企业还采用"网上贸易，网下结算"的方式，从而避免现阶段电子支付安全性不高而造成损失。

（2）网上支付与结算。网上支付即通过网上进行支付的意思，也是电子支付的一种形式。更确切地说网上支付是交易者（包括消费者、企业和银行等）使用安全的电子支付手段通过网络进行的货币支付或资金转移。

网上支付是电子商务活动的关键环节和重要组成部分，是电子商务能够顺利发展的基础条件。在讲求速度的电子商务环境中进行商品交易，必然是电子支付方式。在线电子支付是电子商务的关键环节，也是电子商务得以发展的基础条件。电子支付的工具是电子货币。因此说，电子支付系统是电子商务活动的基础，人们只有在完整认识和建立可行的电子支付系统的基础上，才能真正开展电子商务活动。

发展网上支付体系，建立和健全良好的支付环境，是保障和促进电子商务发展的一个关键因素。电子商务的发展要求信息流、资金流和物流三流的畅通，其中资金流主要是指资金转移的过程，包括付款、转账、兑换等过程。在 Internet 上做电子商务，支付方式可以是在线的电子支付（如"一网通"等）；也可以采用离线的传统支付方式"网上贸易，网下结算"，如邮政、电传等方式。传统支付方式的优点是人们比较熟悉，感觉安全；缺点是效率低下，使电子商务失去了快捷的特点。因此，使用电子支付是电子商务走向成功的关键因素。电子商务的资金转移主要通过电子支付来实现，电子支付是电子商务的重要组成部分。随着电子商务在互联网上蓬勃发展，选择何种电子支付系统来降低交易成本，并保证支付过程的安全性和可靠性，是电子商务中各交易主体必须面对和考虑的问题。

（3）网上银行。网上银行（电子银行，E-Bank），是建立在 Internet 上的银行。电子商务强调支付过程和支付手段是网络化，银行作为电子化支付和结算的最终执行者，起着联结买卖双方的纽带作用，网络银行所提供的网上支付服务是电子商务中的关键因素，直接关系到电子商务的发展前景。

① 网上银行的发展模式。网上银行的发展是建立在以下两种模式的基础上发展起来的。

一是完全建立在 Internet 上的银行,如世界第一家全交易型网上银行——美国安全第一银行。

二是在现有商业银行基础上发展起来的,将现有银行业务扩展到 Internet 上,开设新的服务窗口,即所谓传统业务的外挂网上银行系统,如国内最早开展网上银行的招商银行的"一卡通业务"。

② 网上银行业务。网上银行既可进行传统商业银行业务,也具备网上支付功能,还可开辟新的服务领域(比如网上国际收支申报、发放电子信用证等)。

一是商业银行业务。网上银行业务包括了传统的商业银行,如转账、结算、汇兑、代收费、发薪(电子货币可以足不出户,直接存)、查询个人账户等。除上述传统业务外,还包括新型的银行业务,如证券清算、外币业务、信息查询贷(住房按揭)等业务。

二是网上金融服务。网上金融业务已经走出了传统的银行业务,更多地提供了网上支付、网上消费、家庭银行、个人理财、网上投资、网上保险等金融服务。

三是新的业务领域。网上银行适应新形势下经济发展的需求,提供了更多的金融创新服务、增值业务,如为集团客户查询子公司的账户余额和交易信息,集团内部资金实时调度和划拨;财务信息咨询,账户管理等理财信息,网上国际收支申报,发放电子信用证,开展数据统计等。

(4) 电子货币。电子货币是采用电子技术和通信手段在信用市场上流通的,以法定货币单位反映商品价值的信用货币。最常见的电子货币是各种银行发行的储蓄卡和信用卡。

电子货币的功能主要有以下四个方面:一是结算功能,代替现金,直接用于消费;二是储蓄功能,可以存款、取款;三是兑现功能,可以兑换为货币;四是消费贷款功能。

电子货币有许多优点:一是携带轻便,尤其是购买价格较高的商品方便;二是记数方便,不需清点,也不需找零钱,能避免差错;三是安全性很好,难以伪造,而且盗窃的目标小,有密码保护,即便丢失了也可以立即挂失;四是流通快,因为它是依靠计算机网络流通的;五是便于监督、统计,因为经过计算机处理的每笔交易都有记录,即使交易后也可以追查,事后这些数据还可以用于宏观分析。

但是,要全面实现电子货币支付需要有大量的设备投资,还要建立为全社会所有单位和个人服务的账户系统和金融系统。要顺利运行这样的系统,不仅需要进一步完善各种法规和规章制度,而且无论是金融机构还是客户都要提高素质。因此,货币电子化建设将是一项长期而艰巨的任务。

按照使用的工具不同,电子货币可以分为三类:第一类是电子现金类,如电子现金、电子钱包、电子零钱等;第二类是电子信用卡类,如智能卡等;第三类是电子支票类,如电子汇票等。对应的支付方式也有三类:电子现金支付、电子信用卡支付、电子支票支付。

(5) 现行网上支付的风险。网上支付业务的频繁发生促使中国电子商务快速发展,我国互联网支付市场成为互联网发展最快的行业。然而,目前我国的法律环境、网络安全、用户权益等一系列制约网上支付的问题,还得不到真正意义上的解决。网上支付存在如下风险:

① 对银行等金融机构的软硬件系统、技术支持、业务操作逻辑等提出了更高的要求;无疑会加剧金融机构原有的风险。

② 第三方支付平台市场有待规范带来的风险。

③ 安全认证、信用评级机构有待规范带来的风险。安全认证机构通过发放数字证书为网银、电子商务、电子政务提供安全认证服务。但目前，我国认证机构没有统一的权威立法来规制和监督其市场准入机制、运作模式、相关权利义务等。

④ 网民素质加剧了交易风险。经调查发现受骗消费者中，多数误在"钓鱼网站"输入了网银信息，而支付系统本身的安全性并无太大问题。通过安全意识的强化，这种不安全性可逐渐消除。另外，由于信用保障体系不健全，网上出现了虚假交易、恶性交易等现象，而信用度缺乏必将限制交易规模。

⑤ 网络黑客及其他不法分子存在的风险。一些被称做"电子扒手"的解密高手通过窃取银行和企业密码，浏览其核心机密；亦有网络黑客通过植入木马、虚假网页等手段窃取消费者账户和密码，非法盗取和转移资金、窃取信息、发送假冒电子邮件等；更有市场操纵、无照经纪人、不正当销售、误导高科技投资等网上诈骗活动，直接威胁金融安全。

⑥ 宏观环境方面的风险。网上支付系统具有无形化、网络化、国际化等特点，极易通过网络迅速在整个金融体系中起连锁反应，引发全局性、系统性的金融风险。目前，世界各国电子支付立法相对滞后，现行法律对电子支付业务中出现的新问题尚不能施加影响；网络上病毒、信息污染和信息爆炸等问题也很迫切，直接影响到电子支付系统发送、接收信息的效率；信用机制严重缺乏制约了中国B2B电子商务的发展，社会诚信体系的健全迫在眉睫。

（6）电子商务的交易处理过程。电子商务的交易处理流程如图1-3所示。

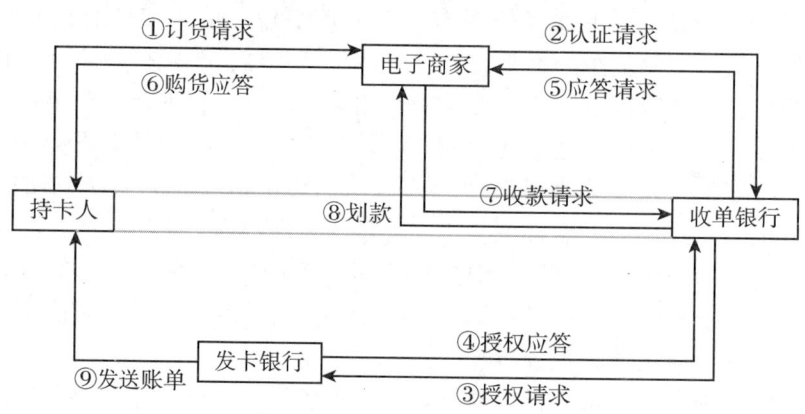

图1-3　电子商务的交易处理流程

① 用户（持卡人）向商家发送购货单（包括商品名称、数量、送货方式、时间、地点、收货人等信息）和一份经过签名、加密的信托书。书中的信用卡是经过加密的，商家无从得知（商家得到订单后，向消费者提供所订货物的单价、总价、应付款额、运费、交货方式等）。

② 商家把信托书传送到收单银行，收单银行可以解密信用卡号，并通过认证验证签名。

③ 收单银行（商家的开户行）向发卡银行（持卡人的开户行）查问，看用户信用卡是否属实。

④ 发卡银行认可并签证这笔交易。

⑤ 收单银行认可商家并签证此交易。

⑥ 商家向用户传送货物和收据。
⑦ 交易成功，商家向收单银行收款。
⑧ 收单银行按合同将货款划给商家。
⑨ 发卡银行向用户定期寄去信用卡消费账单。

2. 电子支付方式。

（1）电子现金支付与结算。电子现金是以电子化数字形式存在的现金货币，电子现金比现有的实际现金有更多的优点。实际现金要承担较大的存储风险、高昂的传输费用、较大的安全保卫。

与实际的现金相比，电子现金有如下优点：

① 匿名，这同样也是纸币现金的优点。
② 不可跟踪性，这也是现金的一个重要特性。不可跟踪性可以保证交易的保密性，也就维护了交易双方的隐私权。
③ 节省费用，包括交易费用和传输费用。
④ 持有风险小。
⑤ 支付灵活方便。数字现金的使用范围比信用卡更广，信用卡支付仅次于被授权的商店。
⑥ 防伪造。

电子现金支付与结算操作流程如图 1-4 所示。

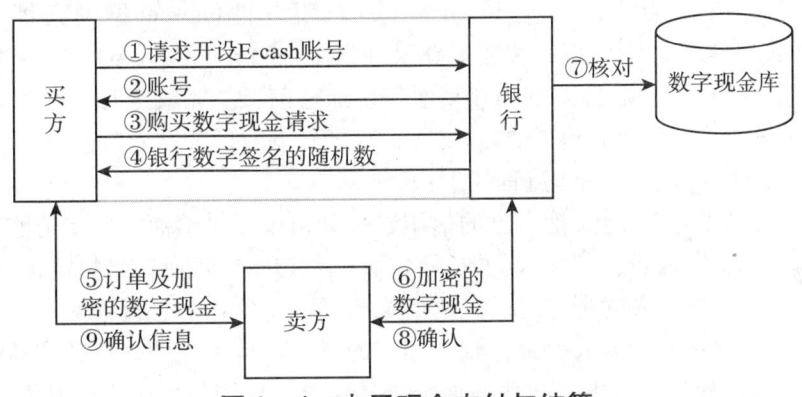

图 1-4 电子现金支付与结算

由此可知，电子现金支付与结算操作分为以下四个阶段：

① 开户阶段，在支持电子现金的银行建立账号和现金进账。
② 取款阶段，根据已有账号和购销金额获取电子货币。
③ 支付阶段，根据一定的支付协议完成买卖双方的交易。
④ 存款阶段，商家根据获取的电子货币从支持电子现金的银行存入相当的款项。

（2）电子信用卡支付与结算。信用卡支付是电子支付中最常用的工具和手段，可在商场、饭店、车站等许多场所使用。可采用刷卡记账、POS 结账、ATM 提取现金等方式进行支付。在电子商务中最简单的形式是让用户提前在某一公司登记一个信用卡号码和口令，当用户通过网络在该公司购物时，用户只需将口令传送到该公司，购物完成后，用户收到一个确认的电子邮件，询问购买是否有效。若用户对电子邮件回答有效时，公司就从用户的信用卡账户上减去这笔交易的费用。现在更安全、更先进的方式是在 Internet 环境下通过 SET 协议进行网络支付，具体方式是用户网上发送信用卡号和密码，加密发送到银行进行支付。当然支付过程中要进行用户、商家及付款要求的合法性验证。

小知识

什么是"银联"

"银联"是"中国银联股份有限公司"的简称，是我国银行卡的第一个统一标识。2004年1月1日以后，"银联"标识卡成为全国范围内唯一通用的人民币银行卡，各类非"银联"标识卡只能作为地方专用卡，不能在异地或跨行使用。

随着技术的发展，信用卡由磁条卡发展为能够读写大量数据、更加安全的智能卡，人们称其为电子信用卡或"电子钱包"。电子钱包也可以说是一种基于IE浏览器结合的电子支付工具，可以显示使用者还有多少钱存在自己的智能卡上，并且在相互认可的情况下，可以在多个电子钱包之间划拨资金。电子商务无论发生在企业间B2B还是企业与客户间B2C，最终关键不是在技术，而是在商务，技术只是手段，为了更好地进行商务，才需要这些技术。因此，中国企业在进入这一领域时必须把商务放到第一位置。

信用卡的特点：多功能。主要有4种主要功能：转账结算功能、消费信贷功能、储蓄功能和汇兑功能；功效便捷。银行提供高效的结算服务，而且利用信用卡结算可以减少现金货币流通量，简化收款手续。即使到外地，也可以凭卡存取现金，灵活方便又安全。

信用卡的工作过程：首先，在适当的机器上启动用户的Internet网浏览器；然后，通过安装在PC机上的读卡机，用用户的智能卡登录到为用户服务的银行Web站点上，用户的智能卡会自动告知银行用户的账号、密码和其他一切加密信息。完成这两步操作后，用户就能够从智能卡中下载现金到厂商的账户上，或从银行账号下载现金存入智能卡。

用信用卡进行电子支付的操作流程如下：

① 用户要购买某种商品时，把自己的信用卡号和口令提供给商家，申请购物。
② 商家得到购物申请后，与开卡行取得联系，请求开卡行进行支付认可。
③ 开卡行在确认持卡人的身份之后，给商家返回一个确认信息批准交易。
④ 之后，商家供货给持卡人，银行则把相应的货款由持卡人的账户转到商家的账户上。

从上面的交易过程可以看出，与普通现金交易相比，使用信用卡交易有不少的好处：携带方便，不易损坏，安全性好，可以进行电子购物。当然，使用信用卡也存在一些问题，其中最主要的就是安全问题。信用卡与其他银行卡的一个重要差别在于，信用卡不仅是一种支付工具，同时也是一种信用工具，使用信用卡可以透支消费。

3. 电子支票支付与结算。电子支票是网络银行常用的一种支付工具。将支票改变为带有数字签名的电子报文或利用其他数字电文代替传统支票的全部信息，就是电子支票。利用电子支票，可以使支票的支付业务和支付过程电子化。网络银行和大多数银行金融机构，通过建立电子支票支付系统，在各个银行之间发出和接收电子支票，向用户提供电子支付服务。

电子支票系统脱开纸面支票，最大限度地利用了当前银行系统的自动化潜力。例如，通过银行自动提款机（ATM）网络系统进行一定范围内普通费用的支付；通过跨省市的电子汇兑、清算，实现全国范围的资金传输；大额资金（从几千元到几百万元）在世界各地银行之间的资金传输等。

（1）电子支票系统。电子支票系统从20世纪60年代就开始使用了，它是一个身份多

样的系统。

电子支票系统包含三个实体：购买方、销售方及金融中介。在购买方和销售方作完一笔交易后，销售方要求付款。购买方从金融机构中介那里获得一个唯一凭证（相当于一张支票），这个电子形式的付款证明表示购买方账户欠金融中介钱。购买方在购买时把这个付款证明交给销售方，销售方再交给金融中介。整个事务处理过程就像传统的支票查证过程。但作为电子方式，付款证明是一个由金融中介出文证明的电子流。

电子支票系统目前一般是专用网络系统，今后将逐步过渡到公共互联网上。

（2）电子支票的优、缺点。与传统的纸面支票相比，电子支票具有许多优点：如节省时间、减少纸张传递的费用、没有退票、灵活性强。

缺点是：电子支票的整个事务处理过程要经过银行系统，而银行系统又有义务出文证明每一笔经它处理的业务细节，因此电子支票的一个最大问题是隐私泄漏问题。

（3）电子支票结算。电子支票的运作类似于传统支票。顾客从他们的银行收到数字文档（银行数字签名），并为每一个支付事务输入支付数目、货币类型以及收款人的姓名。支付人在支票上进行数字签名，支付人和收款人都必须对支票进行签名。

电子支票系统交易流程如图1-5所示。

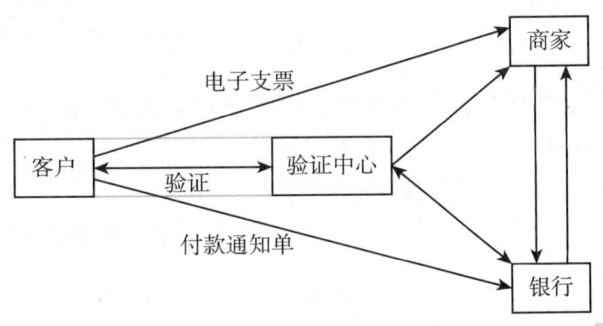

图1-5　电子支票交易流程

除了上述的电子现金、电子信用卡和电子支票外，还有电子零钱、安全零钱、在线货币、数字货币等。这些支付工具的共同特点是将现金或货币无纸化、电子化和数字化，利用在网络中传输、支付和结算，利于网络银行的使用，利于实现电子支付和在线支付。

电子货币和电子支付系统是电子商务的核心，它将在国际金融活动中逐步发挥重要作用。我国电子商务的应用刚刚开始，建立电子支付系统是发展电子商务的保证。作为电子商务中资金流部分，电子支付系统必须在安全性、及时性、保密性、灵活性和国际化方面均达到先进水平，才能保证在电子商务尤其在国际电子商务中可靠地应用。这方面还需要一定时间和努力才能达到。

【课堂思辨】你知道什么叫数字签名、数字证书吗？

【任务实施】

在了解我国电子支付的相关规定、电子支付的风险及电子支付的相关知识后，小王首先就要到开户行（中国农业银行广州分行）去办理电子信用卡申请。

一、新卡申请

小王须带有效身份证复印件，信用卡或储蓄提款卡（含星座卡）以及对应的存折复印件，填写申请表和网上支付协议书，并选择一种卡——电子支付卡，作为网上支付款项的结算账户凭证。银行将给小王一个网上支付号和密码，即可用网上支付号和密码上网购物。

具体操作如下：

（1）申请电子支付卡的前提是用客户的农行卡开通网上银行业务，然后登录农业银行网上银行系统，找到申请电子支付卡。

（2）用户的银行账号、查询密码登录。

（3）进入网上银行系统，点击电子支付卡按钮。

（4）输入客户的申请信息。

（5）成功申请电子支付。

二、电子支付

万里物流在网上选定要买的办公用品用信用卡支付。在支付时输入：

（1）卡号：输入农业银行给予客户的13位网上支付号。

（2）密码：输入网上支付号对应的6位密码。

（3）失效期：请输入信用卡卡面上印刷的有效期，格式为4位YYMM。

即完成了网上支付。

小知识

支付宝购物技巧

在用支付宝购物时，为了安全，最好单独办一张银行卡，在银行卡里存钱不宜过多，并且在家操作，不要在网吧等公共场所使用电子支付卡。另外，电子支付卡有限额支付，如果有大宗交易，最好去农行申请USB–KEY。

【思考与训练】

一、单选题

1. 物流概念最先由（　　）提出。
   A. 日本　　　　　　B. 美国　　　　　　C. 德国　　　　　　D. 荷兰

2. 物流（　　）。
   A. 是国民经济的基础之一　　　　　　B. 就是仓储业
   C. 就是货物运输　　　　　　　　　　D. 就是交通运输业

3. 物流业属于（　　）。
   A. 第二产业　　　　B. 加工业　　　　　C. 第一产业　　　　D. 第三产业

4. 构成现代物流系统的要素不包括（　　）。

A. 运输　　　　　　B. 储存　　　　　　C. 流通加工　　　　D. 送达服务
5. 第三方物流提供的是（　　　）。
A. 物流服务　　　　B. 全方位的物流服务　C. 货物速递　　　　D. 仓储
6. 企业将（　　　）物流管理业务转移至第三方物流企业。
A. 不成功的　　　　B. 不愿意管的　　　C. 不擅长的　　　　D. 难度极大的
7. 企业只有（　　　），才能更关注服务工作，提高服务水平。
A. 集中精力于核心业务　　　　　　　B. 吸收大量优秀人才
C. 完成生产指标　　　　　　　　　　D. 制订生产计划
8. 企业内能力不够时，可以借助（　　　）来补充运输能力的不足。
A. 新式运输工具　　B. 增加运输人员　　C. 第三方物流　　　D. 运输自动化
9. 第三方物流与企业为了共同的利益，摒弃了对立的立场，建立了（　　　）理念。
A. 双赢　　　　　　B. 一体化　　　　　C. 战略联盟　　　　D. 友好
10. 选择第三方物流首要考虑的因素是（　　　）。
A. 第三方物流企业特长　　　　　　　B. 第三方物流企业资源
C. 花费成本　　　　　　　　　　　　D. 物流服务

二、多选题

1. 物流系统的功能要素是（　　　）。
A. 运输功能要素　　　　　　　　　　B. 信息功能要素
C. 装卸功能要素　　　　　　　　　　D. 包装与配送功能要素
E. 物流增值要素
2. 第三方物流具有（　　　）的特征。
A. 是合同导向的一系列服务　　　　　B. 是个性化物流服务
C. 是建立在现代信息技术基础上的　　D. 第三方物流企业与用户企业是联盟关系
3. 下列关于第三方物流的说法正确的是（　　　）。
A. 第三方物流是与一体化治理相对立的一种物流治理方式
B. 第三方物流可以提高企业物流的技术效率
C. 第三方物流交易信息具有透明性、合同执行结果的可预见性
D. 第三方物流采用市场治理，交易合同具有完备性、标准性
E. 第三方物流是物流发展的最佳形式

三、判断题

1. 物流是流通的重要物质基础。（　　　）
2. 不合格物品的返修、退货不属于物流领域。（　　　）
3. 企业内部的物流管理部门就是一个第三方物流。（　　　）
4. 企业将物流业务交给与企业有关的物流子公司管理，其主要目的就是为了利益不外流。（　　　）
5. 货物代理（货代）公司就是第三方物流企业。（　　　）
6. 第四方物流是第一、第二、第三方物流之外的物流。（　　　）

四、名词解释

1. 物流

2. 第三方物流

3. 物流结算

五、简答题

1. 简述第三方物流企业的特点。

2. 什么是电子支付？电子支付方式有哪些？

3. 绘出电子现金支付流程图。

六、技能训练题

1. 以4~5人为一组，到一家第三方物流公司进行调查，了解物流企业的运营流程，并做一份PPT，进行课堂的讲解。

2. 在银行开立一个电子现金账户，存入一定金额，在网上购买一件所需的物品，并将操作流程记录下来。

模块二

运输费用结算

任务一 运输费用构成及计算

【知识目标】

1. 掌握运输环节及运输种类。
2. 掌握运输费用及其相关规定。

【能力目标】

能够准确计算运输环节各项费用。

【任务导入】

2011年12月10日，普利公司与万里物流签订了国内第三方物流外包业务合同。万里物流将其运输车辆分为三种类型。其中载重量为10吨的运输车辆2011年12月在运输作业活动中发生的费用数据如下：

设备原始价值：该车辆的购买价格为50万元，预计净残值率为5%，预计总行驶里程为95万千米；12月实际行驶10 000千米。

人员费用：该型号运输车辆配备2个固定司机和1个后备司机。2011年12月采用计时工资制计算固定司机、后备司机的工资分别为每月2 400元和2 100元；其中后备司机12月总营运车日为21车日，在该车型上的营运时间为5日。福利费的计提比例为15%。

燃料消耗：该企业对运输车辆油耗实行实地盘存制，其中载重10吨的车辆月初的邮箱存满油为80升，月末存油数为40升，当月领用油料960升，燃料单价为5元/升。

保险费用：全年车船使用费600元、车辆保险费3 000元。

其他费用：该型号车2011年全年领用轮胎的成本、市内路桥费分别为1 200元、1 200元，12月其发生的养护费用为1 000元，同时发生的事故损失费15 000元、大修理费用24 000元、运输管理费400元。

该企业载重量为10吨的运输车辆12月实际作业量为70 845吨千米。

计算该车辆12月的营运总费用。

【任务分析】

一、运输概述

(一) 运输的概念

我国国家质量技术监督局（现为国家质检总局）于2001年4月发布国家标准《物流术语》对运输的定义是："用设备和工具，将物品从一地点向另一地点运送的物流活动。其中包括集货、分配、搬运、中转、装入、卸下、分散等一系列操作。"

依据国家标准《物流术语》对运输的定义，可从以下几个方面理解：

（1）运输限定在一定的范围内，利用人们公认的设备和工具所发生的物品的空间位移，利用其他形式的运送并不是运输。如西气东输、南水北调等工程就不属于运输；

（2）有些即使是利用人们公认的设备和工具所发生的物品的空间位移，也不完全是运输。如消防车、洒水车、扫路车的作业活动中虽涉及物品的运送，但其目的不是物流，不属于运输的范畴；

（3）将物品从一地点向另一地点运送的物流活动。因此，运输不仅包括流通领域中物的运送问题，也包括生产领域中物从一地点到另一地点的运送；

（4）运输是一系列活动的有机整合，它包括运送之前物的集中和运到目的地后的分货行为，同时还包括贯穿其中的装卸、搬运、中转等作业；

（5）此外，作为物流功能的运输是一项经济活动，在家里或办公室中个人导致的物品的空间位移不属于经济领域的范畴，所以不属于运输。

(二) 运输在物流中的地位和作用

原材料从产地进入生产企业材料库或者是将产品从仓库转移到消费者手中，都离不开运输，它在物流系统中有重要的作用。

1. 运输是物流功能的两大支柱之一。物流是"物"的位移，不仅改变了物的时间状态，也改变了物的空间状态。运输正是承担了改变空间状态的主要任务，是改变空间状态的主要手段，运输再配以储存、装卸搬运、包装、流通加工、信息处理和配送等活动，就能圆满完成物流的任务。

2. 运输是社会物质生产的必要条件之一。运输作为社会物质生产的必要条件，表现在以下两方面：

（1）运输作为生产的主要环节之一，保证生产的稳定性和连续性，没有运输，生产内部的各环节就无法连接，生产过程则不能最后完成。

（2）在社会上，运输是生产过程的继续，这一活动连接生产与再生产、生产与消费，连接国民经济各部门、各企业，连接着城乡，连接着不同国家和地区。

3. 运输可以创造"空间效用"。"空间效应"也称"场所效益"，含义是：同种"物"

由于空间场所不同，其使用价值的实现程度则不同，其效益的实现也不同。由于改变场所而最大限度地发挥了使用价值，最大限度地提高了产出投入比。通过运输，将"物"运到场所效用最高的地方，就能发挥"物"的潜力，实现资源的优化配置。显然，运输使产品的使用价值得以有效实现。从这个意义来讲，也相当于通过运输提高了物品的使用价值。

4. 运输是"第三个利润源"的主要源泉。物流强调的是"动"，运输是实现物流"动"的主要环节。运输承担着较长距离的、较大量物资的空间转移的任务，所以其时间长、距离长、运量大，消耗也大。消耗的绝对数量大，其节约的潜力也就大。

二、物流企业的运输作业流程

（一）受理托运

1. 托运人填写货物运单。货物运单是货物运输及运输代理的合格凭证，是运输经营者接受货物并在运输其间负责保管和据以交付的凭据，也是记录车辆运行和行业统计的原始凭证。

2. 审核和认定托运单内容。货物的详细情况，包括货物的结构，数量，体积，重量；检查有关运输凭证；审核有无特殊要求。

3. 将领货凭证递交收货人。托运人在将货物托运后，将"领货凭证"寄交收货人。收货人接到"领货凭证"后，及时向到站联系货物的到达情况。

（二）验货

验货的主要事项包括：

（1）托运单上的货物是否已处于待运状态。

（2）货物的包装是否符合运输要求。如发现货物的包装有破损时要及时与现场担当人反映，或在提单上注明破损情况。

（3）货物的数量准确与否，发运日期有无变更。托运人若有特别要求（提货车型的要求，提货时间的临时变更等）及时通知调度员，以便及时调整运输计划，有效完成运输任务。

（4）装卸场地的机械设备、通行能力是否完好。

（三）车辆调度

在接收到运输任务后，调度员根据运输任务编制车辆运行作业计划；根据货物流量、流向、季节性变化发布调度命令，调度适宜车辆到出货地点装运货物，并针对运输工作中存在的主要问题及时反映，并向有关部门提出要求，采取措施，保证运输计划的完成；加强现场管理和运行车辆的调度指挥，根据调运情况组织合理运输，不断研究和改进运输调度工作，以最少的人力、物力完成最多的运输任务。

（四）货物监装

车辆到达装货地点后，司机和接货人员会同托运人，对货物包装、数量和重量等进行清点和核实，核对无误后进行装车。车辆到达装货地点后，监装员根据托运单填写的内容和发货人联系并确定交货办法。货物装车前，监装员检查货物包装有无破损、渗漏、污染等情况。如果发现不适合装车的情况，应及时和发货人商议。如果发货人自愿承担由此引起的货损，则应在运单上批注和加盖印章，以明确责任。装车完毕后，应清查货位，检查有无错装或漏装。

（五）货物运送

货物装车后，即可出发。驾驶人员应及时做好货运途中的行车检查，既要保持货物完好无损、无漏失，又要保持车辆技术状况完好。在货物起运前后如因托运方或承运方需要变更运输，应及时由承运和托运双方协商处理，填制"货物运输变更申请书"，所发生的变更费用，需按有关规定处理。

（六）货物押运

根据货物性质及托运人要求，可由托运人派押运员押运。货物押运是指在运输货物过程中，为了保证货物完好，对某些性质特殊的货物如活鱼、家畜等派人跟随，在运输过程中予以特殊照料与防护的活动过程。

（七）运输结算

运输结算，一是对运输单位外部，即对货主（托运人）进行运杂费结算，收取应收未收的运杂费；另一是对运输单位内部，即对驾驶员完成运输任务应得的工资（包括基本工资与附加工资）收入进行定期结算。

（八）货物交付

货物运达收货地点，应正确办理交付手续和交付货物。收货人应凭有效单证提（收）货物，无故拒提（收）货物，应赔偿承运人因此造成的损失。收货人不明或者收货人无正当理由拒绝受领货物的，依照《中华人民共和国合同法》的相关规定，承运人可以提存货物。货物交付时，承运人与收货人应当做好交接工作，发现货损货差，由承运人与收货人共同编制货运事故记录，交接双方在货运事故记录上签字确认。货物交接时承托双方对货物的质量和内容有质疑均可提出查验与复磅，查验和复磅的费用由责任方负担。

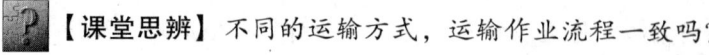【课堂思辨】不同的运输方式，运输作业流程一致吗？

三、运输费用的概念、构成及影响因素

（一）运输费用的概念

运输是物品借助于运力在空间上所发生的位置移动。运输费用就是企业在完成特定货物位移的物流运输活动中所发生的各项费用，如工资、职工福利、燃料费、轮胎费、养护费及

修理费、车辆折旧费、运输管理费、保险费、事故损失费等。按照运输方式划分，主要有公路运输费用、水路运输费用、铁路运输费用、航空运输费用及管道运输费用。

(二) 运输费用的构成

物流企业的运输部门基本生产经营业务是货物运输，生产经营的成果表现为运输对象的位移，这种位移就是物流企业运输部门的产品。物流企业运输部门的生产经营过程，既是向货主提供运输服务的过程，又是一个劳动消耗过程。企业为生产经营活动所支付的各项货币支出，一般称为营运费用。在这些费用中，一部分是为运输生产所消耗的，另一部分则是与经营期间有关的消耗，我们把为运输生产所消耗的费用按一定的范围和对象进行汇集或分配，就构成了运输成本。

无论是何种运输方式，运输费用均可分为车辆直接费用和营运间接费用两种。

1. 车辆直接费用。车辆直接费用是指企业营运车辆从事运输生产活动所发生的各项费用。主要包括：工资、职工福利、燃料费、轮胎费、养护及修理费、车辆折旧费、运输管理费、保险费、事故损失费等。

2. 营运间接费用。营运间接费用主要是指管理费用和财务费用。管理费用是指运输企业行政管理部门为了管理、控制和组织营运活动而发生的各项费用，主要包括工会活动经费、职工培训经费、劳动保险费、税收、专家咨询费、技术转让费等；财务费用是指运输企业为企业经营筹集资金而发生的各项费用，主要包括利息支出、汇兑损失及相关的手续费等。

(三) 影响运输费用的因素

1. 运输量。运输量是影响运输费用的主要因素。在运输距离相同时，运输量越大，运输费用越高，但是单位运输费用就越低。这是因为运输设备和工具等固定资产的折旧、业务人员和管理人员的工资等固定费用不随运输量改变而变化，燃油费、维修费、运输人员的补贴等变动费用一般与运输量的增减成正比。在固定资产规模不变的情况下，可以认为固定成本在一定时间内是保持不变的，运输量越大，单位运输量的固定成本越小，单位运输成本会随之下降。这就是运输的规模经济效益。

2. 运输距离。运输距离是影响运输费用的另一个重要因素，这是因为它直接影响着人员费用、燃料费和维修保养费等变动费用。运输距离越长，运输费用越高，但是单位距离的运输费用越低。这是因为固定费用不随运输距离改变而变化，运输的变动费用一般与运输距离的变化成正比。从上可知，单位运输距离的费用是随运输距离的增加而减少的，运输距离越长，被分摊到每单位距离的固定费用就越少，则运输费用越低。这就是运输的距离经济效益，即短距离的运输比长距离的运输费用高。

3. 运输时间。在竞争日益激烈的情况下，无论是企业还是客户对缩短运输时间、降低运输费用的要求越来越强烈。缩短运输时间和降低运输费用之间是一种此消彼长的关系，即缩短运输时间，就有可能提高运输费用；同样，降低运输费用也会导致运输速度减慢。所以合理的运输时间和运输速度是必须考虑的因素，一般以客户满意为原则，把运输时间控制在合理的区间内。

4. 货物疏密度。货物的疏密度是指货物的重量和体积之比，它把重量和空间方面的因素结合起来考虑。通常，密度小的货物每单位所占的运输费用比密度大的要高。这是因为，运输的货物密度大，相对地可以把固定费用分摊到增加的数量上，使单位货物承担的运输费用降低。货物密度越大，运输费用分摊到单位重量就越小，因此增加产品的密度一般可以降低运输费用。

5. 装卸搬运。装卸搬运活性低的产品运输费用较高。这是因为，通用产品和设备因为外形规范，符合国家标准，也容易找到相应的搬运工具，比较容易搬运，且费用较低。对于非标产品和特殊产品，由于尺寸和外形的特异，搬运设备不容易找，而且搬运过程费时费力，造成搬运费用居高不下。

6. 市场。市场因素对运输费用也有很大的影响。主要有：一是竞争因素，即同种运输方式间的竞争以及不同运输方式间的竞争，对运输费用产生影响；二是运输的季节性，淡季和旺季会导致运输费率及运输费用变化；三是运输的方向性，运输流量的不平衡会导致运输费用的增加。

【课堂思辨】你认为，影响运输费用的还有哪些因素？

四、物流企业运输费用的计算

（一）车辆直接费用

1. 人员费用。是指按规定支付给营运车辆司机的工资和按比例计算的福利费。物流企业运输人员的工资多采用计时工资进行计算，工资额的大小往往与工资水平、出勤天数、工龄长短等因素有关。

对于固定车辆的司机及随车工作人员的工资、行车补贴等，应归集到有关车型负担；对于没有固定车辆的后备司机的工资及津贴，应按营运车辆的吨位或营运车日计算。其计算公式为：

营运车辆工资分配率（元/车日）＝应分配的司机工资总额/总营运车日数

某车型应分摊的工资额＝该车型实际总营运车日数×营运车辆工资分配率

2. 燃料费。实行满油箱制核算的企业，在月初、月末油箱加满的前提下，车辆当月加满的累计数即为当月燃料实际消耗数；实行实地盘存制的企业，在月底实地测量车辆油箱存油数，结合行车路单加油记录计算各车当月实际消耗的燃料，具体计算为：

当月实际消耗数＝月初车存数＋本月领取数－月末车存数

3. 轮胎费。运营车辆耗用的外胎、内胎、垫带的费用支出及轮胎翻新费，按实际领用数和发生数计入当月费用。如一次领用轮胎较多，可在一年内分月摊入各月运输费用。

4. 修理费。运营车辆进行日常维修和修复所发生的材料费、人工费，在发生时直接计入当月的费用；车辆的大修理费用，可采用按月预提或分摊的办法计入各月费用。

5. 车辆折旧费。物流企业一般采用行驶里程法或使用年限法计算并计提营运车辆的折旧费。计算公式为：

单位里程折旧额 = 固定资产原始价值 × (1 - 预计净产值率) / 预计行驶千米数
当年或当月应提折旧 = 单位里程折旧额 × 当年或当月实际行驶千米数

6. 缴纳或支付的营运费用和保险费用。营运费用和保险费用是指企业为保证正常的营运活动而缴纳的运输管理费、税金和车辆保险费等支出。物流企业按年缴纳或支付的这些费用应在相关年度内分摊，若按月支付，计入当月费用。

7. 事故损失费。因行车事故所发生的损失在扣除保险公司的赔偿和其他人的赔偿后，按损失净额计入当月运输费用。

(二) 营运间接费用

营运间接费用是指车队、车站、车场等基层营运单位为组织与管理营运过程所发生的，应由各类成本负担的管理费用和营业费用。企业可以根据实际情况自行确定营运间接费用的分配方法。

五、运价调整

(一) 运价涉及的岗位职责

1. 物流代表。
（1）运费公式、价格制定。
（2）设专人就运费报价与费用管理人员接口。
（3）公式价格变动前与费用人员沟通可操作性。
（4）长期、临时价格申请提交审核、审批。
（5）对价格的真实、准确、合理性负责和解释。
2. 经理。平台经理和渠道管理处的经理要对价格文件的真实性、准确性、合理性以及定价标准进行审核，并保障各业务环节操作的顺畅（如发货、信息反馈等）。
3. 主管业务总监。主要是要对渠道人员制定的计费公式及运费价格进行审批及监控。
4. 费用管理岗。主要对计费公式、运费价格的可操作性进行沟通和审核。

(二) 运价调整流程 (见图 2-1)

首先，物流代表与费用管理岗沟通新运价的可操作性，由物流代表提供价格申请；平台处经理审核，半个工作日以邮件或书面递交渠道管理处接口人审核，主要是对价格文件的真实性、准确性、合理性以及定价标准进行审核，审核通过以后以邮件或书面递交费用人员对申请价格在系统中的可操作性进行审核，审核无误后交主管业务总监审批；审批通过以后半个工作日以邮件或书面递交相关岗位进行维护，相关岗位根据审批后的价格和可执行方案在1个工作日对系统中的运费计算公式及费率进行调整。

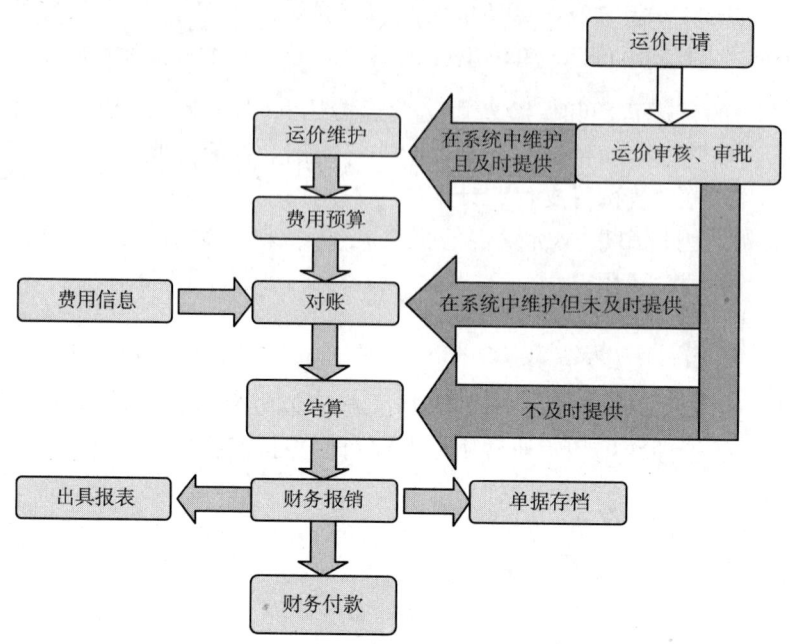

图 2-1　运价调整流程

 小知识

价格申请的时效性

问：新价格要在 12 月 10 日（周一）执行，我需要在什么时候提供呢？

注意：

通过审批的价格执行日期需与签批日期间隔至少 1 个工作日，所以 10 日生效的价格最晚需要在 12 月 6 日（周四）签批通过，留 1 个工作日给费用人员维护价格。

另外还要提请注意：

如价格申请日滞后于业务实际发生日，于业务发生后 1 个工作日内提交运费调整的价格文件，费用管理人员按照业务实际发生日结算运费。

【课堂思辨】若分错货了，对后端的费用结算有何影响？

物流企业要从供应、维修、装卸、运行、结算（将在本模块任务二进行介绍）全过程进行成本管理，生产经营全过程的每个环节都对总成本有直接影响。例如，配件型号选择不当或价高质次，维修成本过高或维修质量不好，既影响车辆的使用成本，又影响车辆使用效率和运输质量。在运输生产过程中，运行原料消耗、运输质量、驾驶员劳动生产率等，也都直接影响到运输费用。

【任务实施】

车辆的直接费用：

车辆折旧费 = [500 000 × (1 − 5%) / 950 000] × 10 000 = 5 000（元）；

人员费用 =[2 400×2 +2 100/30×5]×(1 +15%) =5 922.5（元）；
燃料费 =(80 +960 -40)×5 =5 000（元）；
保险费 =(600 +3 000)/12 =300（元）；
轮胎费 =1 200/12 =100（元）；
修理费 =1 000 +24 000/12 =3 000（元）；
事故损失费 =15 000（元）；
其他费用 =600 +400 +1 200/12 =1 100（元）；
本题中营运间接费用 =0；
营运总费用 =5 000 +5 922.5 +5 000 +300 +100 +3 000 +15 000 +1 100 =35 422.5（元）；
单位成本 =37 222.5/70 845 =0.5（元/吨千米）。
该物流公司的利润率为10%，则运费报价为：
0.5 +0.5×10% =0.55（元/吨千米）；
实际上，企业在进行计算运输费用时，一般是将其划分为固定费用和变动费用两个部分，参照以下计算。
第一部分，变动费用的计算。
吨千米数：70 845 吨千米；
燃料费 =0.02×70 845×5 =7 084.5（元）（已知油料消耗0.02 升/吨千米）；
人员费用 =5 922.5 元；
路桥费 =1 200 元；
小计：14 207 元。
第二部分，固定成本的计算：
折旧费 =5 000 元；
运输管理费 =400 元；
轮胎费及保养费 =100 +1 000 =1 100（元）；
大修理费 =24 000 元；
保险费 =(600 +3 000)/12 =300（元）；
事故损失费 =15 000 元；
小计：45 800 元。
本月运输总成本为：14 207 +45 800 =60 007（元）。
单位成本为：60 007/70 845 =0.85（元/吨千米）。
该物流公司的利润率为10%，则运费报价为：
0.85 +0.85×10% ≈0.94（元/吨千米）。

【知识拓展】

运输费用三种筹划方案

企业销售货物必然需要运输，而货物运输一般有两种情况：一种是企业用自己的交通工具运输，简称为自营运输；另一种是企业无运输工具，交给运输公司承运。对于交给运输公司承运的,采取代垫运费的方式比较合适。而对于自营运输,则需要事先筹划。

达到一定规模的企业往往拥有自己的运输工具,可以减少运输支出。自营运输有两种方案:一种是将交通工具作为公司的固定资产,销售产品实行送货上门,产品的售价中包含运输费用。这属于增值税的混合销售行为,应当缴纳增值税,交通工具的零配件、燃料及修理费用按规定可以抵扣进项税额。另一种是公司成立独立核算的运输公司,由运输公司负责承运并收取运费。运输公司的收入应按"交通运输业"税目缴纳3%的营业税。在这种情况下,交通工具的零配件、燃料及修理费用不能抵扣进项税额。

两种方案有何区别呢?

某企业(增值税一般纳税人)2012年销售收入3 000万元,运费收入175.5万元(运输收入按含税销售收入的5%计算),其产品适用增值税税率为17%,汽车零配件、汽油等进项税额为5万元,那么:

1. 不成立运输公司。卖方实行送货上门,运费收入通过提高货价的办法解决,开具增值税专用发票,则应按混合销售行为对运输收入与货款一起缴纳增值税,不缴纳营业税。这部分增值税税款计算如下:

应缴纳增值税 = 销项税额 − 进项税额 = 1 755 000 ÷ (1 + 17%) × 17% − 50 000 = 205 000(元)

2. 成立独立核算的运输公司,运输公司将运费发票直接开给买方。卖方采取代垫费,或者由运输企业直接向买方收取运费,则运输收入不缴纳增值税,只缴纳营业税。

应缴纳营业税 = 1 755 000 × 3% = 52 650(元)

3. 成立独立核算的运输公司,运输公司将运费发票开给卖方。卖方实行送货上门,将运费收入通过提高货价的办法解决,则运输公司应纳营业税,卖方的运费收入与货款一起缴纳增值税,其运输支出可以抵扣7%的进项税额。

卖方企业的运输收入应缴纳增值税 = 销项税额 − 进项税额 = 1 755 000 ÷ (1 + 17%) × 17% − 1 755 000 × 7% = 255 000 − 122 850 = 132 150(元)

运输公司应纳营业税 = 1 755 000 × 3% = 52 650(元)

运输收入应纳增值税、营业税合计 = 132 150 + 52 650 = 184 800(元)

通过比较计算结果,我们可以看出,上述三种方案,方案二税负最低,为最优方案。方案三次之,方案一税负最高。

在上述方案的比较中,我们假设汽车修理费用、零配件、汽油等进项税额为5万元。如果进项税额不同,则计算结果也不同。在实际操作中,应当事先计算,然后选择最佳方案。

任务二 运输费用结算

【知识目标】

1. 掌握支票的结算方式。
2. 掌握托收承付结算方式。
3. 掌握实际费用结算操作。

【能力目标】

1. 能够熟练使用支票、托收承付银行转账结算方式。
2. 能够熟练掌握支票、托收承付结算流程及实际操作。

【任务导入】

沿用模块二任务一中的任务实施资料，2011年12月10日，普利公司与万里物流签订了国内第三方物流外包业务合同。发生的运输费用沿用上一案例中的资料，假如你是万里物流的跟单员，请以跟单员应具备的职业能力，完成本物流公司中运输费用结算的工作。上一案例中发生的运输费用合计：70 845×0.95＝67 302.75（元），双方约定采用托收承付的方式进行结算。

【任务分析】

假定在本案例中选择的结算方式是支票结算和托收承付结算。

一、支票结算方式

（一）支票概念

支票是出票人签发的，委托办理支票存款业务的银行在见票时无条件支付确定金额给收款人或者持票人的票据。支票主要有三大类：

现金支票：支票上印有"现金"字样，只能用于提取现金；

转账支票：支票上印有"转账"字样，只能用于转账；

普通支票：支票上未印有"现金"或"转账"字样，可以用于提现或转账。

但是，如果普通支票左上角划有两条平行线，即为划线支票。这种划线支票不得提现，只能用于转账结算。

（二）支票的内容

1. 必须记载的事项。
(1) 表明"支票"的字样。
(2) 无条件支付的委托。
(3) 确定的金额。
(4) 付款人名称。
(5) 出票日期。
(6) 出票人签章。

2. 授权补记的事项。支票的金额、收款人名称，可以由出票人授权补记。未补记前不得背书转让和提示付款。

支票样本格式如图2-2、图2-3和图2-4所示。

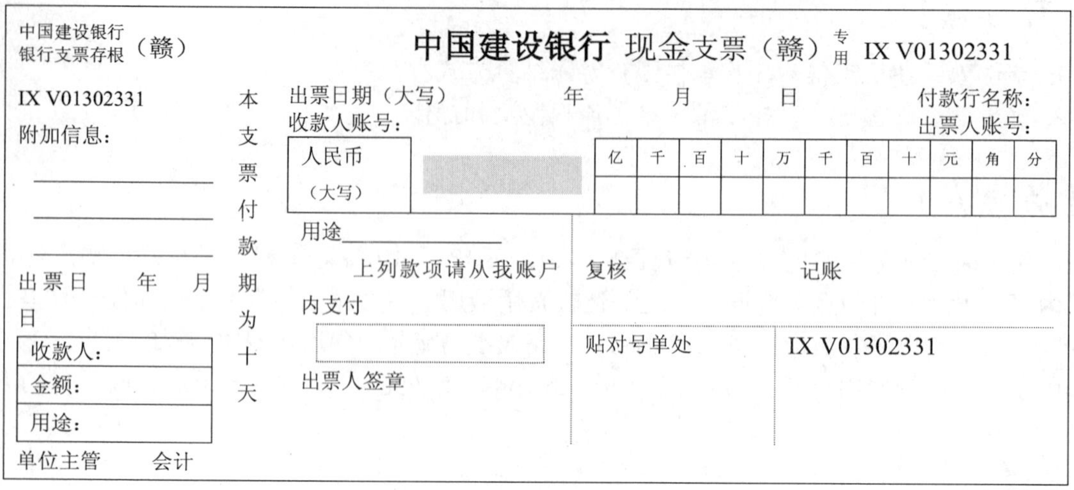

中国建设银行银行支票存根（赣）

IX V01302331

附加信息：

出票日 年 月 日

收款人：

金额：

用途：

单位主管 会计

本支票付款期为十天

中国建设银行 现金支票（赣）专用 IX V01302331

出票日期（大写） 年 月 日 付款行名称：

收款人账号： 出票人账号：

人民币（大写）		亿	千	百	十	万	千	百	十	元	角	分

用途

上列款项请从我账户内支付

出票人签章

复核 记账

贴对号单处 IX V01302331

图2－2 现金支票样本格式

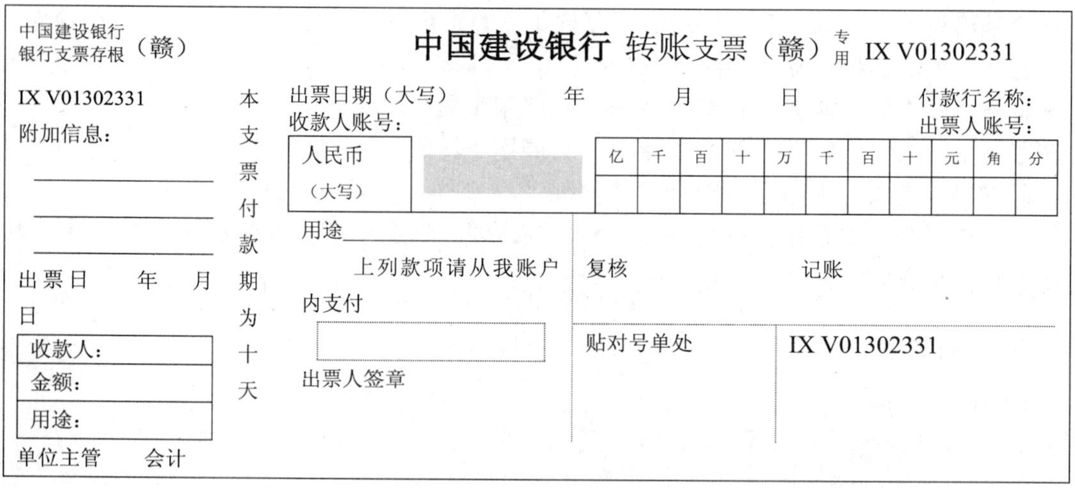

中国建设银行银行支票存根（赣）

IX V01302331

附加信息：

出票日 年 月 日

收款人：

金额：

用途：

单位主管 会计

本支票付款期为十天

中国建设银行 转账支票（赣）专用 IX V01302331

出票日期（大写） 年 月 日 付款行名称：

收款人账号： 出票人账号：

人民币（大写）		亿	千	百	十	万	千	百	十	元	角	分

用途

上列款项请从我账户内支付

出票人签章

复核 记账

贴对号单处 IX V01302331

图2－3 转账支票样本格式

中国建设银行进账单（回单）　1

　　　　　　　　　　年　　月　　日　　　　　　　　第　　号

收款人	全称		付款人	全称	
	账号			账号	
	开户银行			开户银行	
人民币（大写）				千百十万千百十元角分	
票据种类			说明：银行进账单为一式三联：①回单联；②银行记账联；③收款单位作收款凭证联。本实习资料只印刷第一联，填列后在实习银行柜台盖章，作为入账凭证。		
			出票人开户行盖章		

图 2-4　银行进账单样本格式

（三）支票结算的业务流程

1. 借记支票结算的业务流程（见图 2-5）。

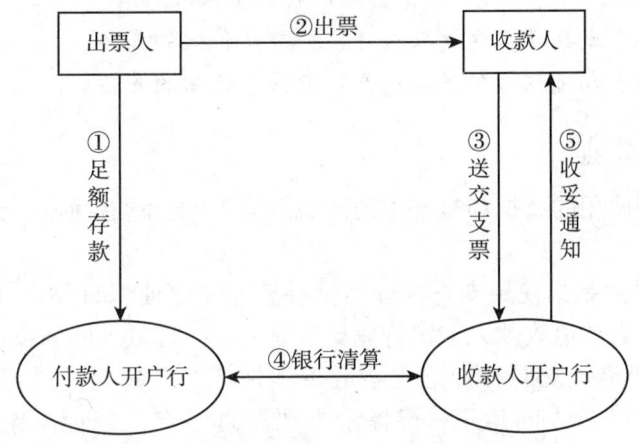

图 2-5　借记支票结算的业务流程

① 出票人交存款项开出支票；
② 出票人将支票交给收款人；
③ 收款人向其开户行提示支票要求付款；
④ 付款人开户行与收款人开户行之间清算资金；
⑤ 收款人开户行收妥款项并通知收款人款项入账。

2. 贷记支票结算的业务流程（见图 2-6）。

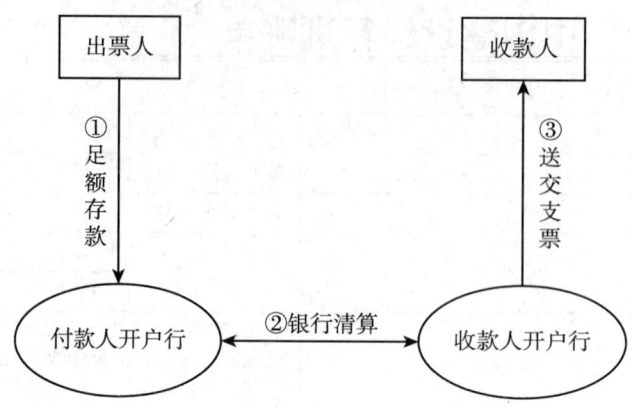

图 2-6 贷记支票结算的业务流程

① 出票人开出支票后提示其开户行付款；
② 付款人开户行与收款人开户行之间清算资金；
③ 收款人开户行收妥款项并通知收款人款项入账。

小知识

借记支票和贷记支票

借记支票：持票人或收款人向收款人开户行提示付款的支票。
贷记支票：出票人或付款人向付款人开户行提示付款的支票。

（四）支票结算的特点

支票是我国长期使用的票据和最基本的同城结算方式，具有简便、灵活、迅速和可靠的特点。

1. 简便。简便主要是指使用支票办理结算手续非常简便。只要付款人在银行有足够的存款，他就可以签发支票给收款人，银行凭支票就可以办理款项的划拨或现金的支付。

2. 灵活。一是指借记支票和贷记支票的灵活性；按照规定，借记支票可以由付款人向收款人签发支票，收款人向其开户行提示支票办理结算，贷记支票也可以由付款人出票，委托银行主动付款给收款人；二是指转账支票的灵活性，它可以在指定的城市中背书转让。

3. 迅速。迅速主要是指使用支票办理结算时，收款人可以尽快收到款项。如果使用转账支票，收款人将转账支票和进账单送交银行，一般当天或次日即可入账，而如果使用现金支票，收款人当时即可取得现金。

4. 可靠。主要是因为目前各大银行严禁签发空头支票，使用支票结算的单位必须在银行存款余额内才能签发支票，因而收款人凭支票收取款项的把握性较大，得不到正常支付的情况较少。

（五）相关规定

支票结算的相关规定具体如下：

（1）支票适用于单位或个人在同一票据交换区域支付款项时结算。

（2）签发支票应使用碳素墨水或墨汁填写，除非中国人民银行另有规定，且填写必须规范、准确。

（3）禁止出票人签发空头支票。

（4）支票的提示付款期限自出票日起10日内。

（5）出票人在付款人处的存款足以支付支票金额时，付款人应在见票当日足额付款。

小知识

空头支票≠空白支票

空白支票是指单位签发的没有填写收款单位名称，没有付款日期，没有付款金额，而已经加盖了印鉴的支票，有时也包括未经签章的支票。只有无法提前确定购货单位或购货金额的情况下才会使用空白支票。空头支票是指出票人签发的支票票面金额，超过其付款时在付款人处实有的存款金额而不能生效的支票。签发空头支票是套用银行信用，破坏结算纪律的行为。在我国，签发空头支票需要承担法律责任。

二、托收承付结算方式

（一）托收承付概念

1. 托收承付结算的含义。托收承付结算，简称"托收承付"，是根据购销合同由收款人发货后委托银行向异地付款人收取款项，并由付款人向银行承认付款的结算方式。

2. 托收承付结算凭证的内容。

（1）表明"托收承付"的字样。

（2）确定的金额。

（3）付款人名称、付款人开户行名称及账号。

（4）收款人名称、收款人开户行名称及账号。

（5）托收附寄单证张数或册数。

（6）合同名称、号码。

（7）委托日期。

（8）收款人签章。

托收承付结算凭证上欠缺上列记载事项之一的，银行不予受理。托收承付结算样本单据（邮/电）如图2-7和图2-8所示。

样1

托 收 承 付 凭 证（回 单）

邮　　　　　　　　　　　　　　　　　　　　　　1托收号码：

委托日期　　年　月　日　　　　　　　　　　　第　号

付款人	全 称		收款人	全 称	
	账 号			账 号	
	开户银行	行号		开户银行	行号

托收金额	人民币（大写）	千	百	十	万	千	百	十	元	角	分

附件	商品发运情况	合同名称号码

备注：　　　　款项收妥日期

　　　　　　　　　年　月　日

　　　　　　　　　　　　　　　收款人开户银行盖章　　月　日

单位主管　　　　　会计　　　　　复核　　　　　记账

此联是收款人开户银行给收款人的回单

图 2-7　托收承付凭证样本1

样2

托 收 承 付 凭 证（回 单）

电

委托日期　　年　月　日

付款人	全 称		收款人	全 称	
	账 号			账 号	
	开户银行	行号		开户银行	行号

托收金额	人民币（大写）	千	百	十	万	千	百	十	元	角	分

附件	商品发运情况	合同名称号码
附寄单件张数或册数		

备注：　　　　款项收妥日期

　　　　　　　　　年　月　日

　　　　　　　　　　　　　　　收款人开户银行盖章　　月　日

单位主管　　　　　会计　　　　　复核　　　　　记账

此联是收款人开户银行给收款人的回单

图 2-8　托收承付凭证样本2

(二) 托收承付结算业务流程 (见图 2-9)

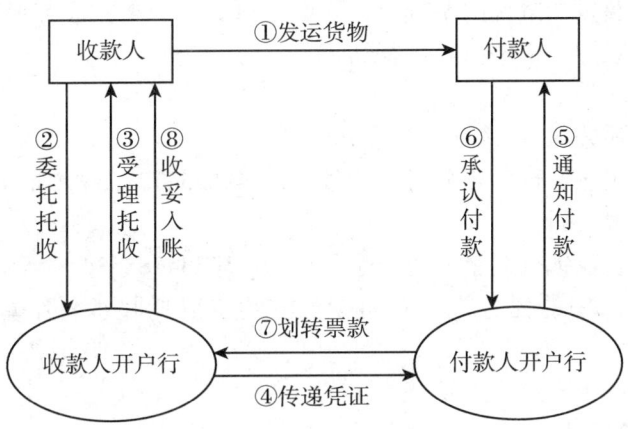

图 2-9 托收承付结算的业务流程

(1) 收款人向付款人发运货物。
(2) 收款人委托其开户行托收货款。
(3) 收款人开户行受理托收。
(4) 收款人开户行向付款人开户行传送托收承付凭证。
(5) 付款人开户行通知付款人付款。
(6) 付款人承认付款。
(7) 付款人开户行将款项划给收款人开户行。
(8) 收款人开户行将款项收妥入账并通知收款人。

(三) 相关规定

相对于其他结算方式，托收承付结算方式有较多限制。具体限制如下：

(1) 使用托收承付结算方式的收款单位和付款单位，必须是国有企业、供销合作社以及经营管理较好，并经开户银行审查同意的城乡集体所有制工业企业，个人及个体工商户不得使用此结算方式。

(2) 办理托收承付结算的款项，必须是商品交易，以及因商品交易而产生的劳务供应的款项。代销、寄销、赊销商品的款项，不得办理托收承付结算。

(3) 办理托收承付结算前必须有购销合同，并在合同上注明货款结算采用托收承付结算方式。

(4) 办理托收承付的买卖双方，必须重合同、守信用。

(5) 托收承付的结算有金额起点的限制，每笔至少 10 000 元，新华书店系统每笔金额至少 1 000 元。

(6) 托收承付结算适用于异地使用，不适用于同城结算。

(7) 托收承付分托收和承付两个环节。收款人办理托收，必须具有商品已经发出的证明；付款人承付时，有验单付款和货付款两种可供选择。

【任务实施】

在以上理论基础及技能掌握的基础上，协助跟单员一起来完成万里物流和普利公司运输费用的结算，下面就双方约定的方式进行结算。

双方开户行及账号如下：

广东万里物流有限公司

开户银行：中国农业银行广州分行，账号：103456234787654××××

普利信息科技有限公司

开户银行：中国农业银行北京分行，账号：102356534788634××××

沿用模块二任务二中的任务导入资料：双方约定以托收承付结算方式结算运输费用67 302.75元。

具体操作流程：

一、向付款人发运货物

二、委托其开户行托收货款

收款人办理托收时，采取邮寄划款的，应填制一式五联邮划托收承付凭证，第一联回单，第二联贷方凭证，第三联借方凭证，第四联收账通知，第五联承付通知。

采取电报划款的，应填划一式五联电划托收承付凭证，第一联回单，第二联贷方凭证，第三联借方凭证，第四联发电依据，第五联承付通知。

收款人应在第二联托收凭证上加盖单位印章后，将其结算凭证和有关单证提交开户行。

本任务中，万里物流公司应填制一式五联邮划托收承付凭证提示其开户行托收货款。

三、开户行受理托收

收款人开户行收到上述凭证后，应认真审查：

（1）托收款项是否符合异地托收承付结算办法规定的范围、条件、金额起点，以及其他有关规定。

（2）有无商品确已发运的证件。如提供的证件需要取回的，收款人在托收凭证上是否注明"发运日期"和"证件号码"。对提供发运证件有困难的，要审查其是否符合异地托收承付结算办法规定的其他条件。

（3）托收凭证应填的各栏是否填写齐全和符合填写凭证的要求。

（4）托收凭证与所附单证的张数是否相符。

（5）第二联托收凭证上是否加盖收款人印章。必要时，还应查验收付款人签订的购销合同。

托收凭证应及时审查，审查时间不得超过次日。经审查无误后，对托收凭证作如下处理：

将"邮划"或"电划"第一联托收凭证加盖业务公章退给收款人。对收款人提供发运证件交银行后需要取回保管或邮寄的，应在各联凭证和发运证件上加盖"已验发运证件"戳记，然后将发运证件退给收款人。

将"邮划"或"电划"第二联托收凭证专夹保管，并登记发出托收结算凭证登记簿（以下简称登记簿）。对有结算贷款和托收业务最较大的单位按户登记，对无结算贷款和托收业务量较少的单位可按户登记也可汇总登记。

四、开户行向付款人开户行传送托收承付凭证

开户行将"邮划"或"电划"第三、四、五联托收凭证（均在第三联上加盖带有联行行号的结算专用章）连同交易单证，一并寄交付款人开户行。收款人开户行如不办理全国或省辖联行业务，向付款人开户行直接发出托收凭证的，均应在托收凭证的"备注"栏加盖"款项收妥请划收××（行号）转划我行"戳记，以便付款人开户行向指定的转划行填发报单。

本任务中，万里物流公司开户行将第三、四、五联托收凭证连同交易单证，一并寄交普利公司开户行。

五、付款人开户行通知付款人付款

普利公司付款人开户行收到收款人开户行寄来第三、四、五联托收凭证连同交易单证，审查无误后，在凭证上填注收到日期和承付期，及时通知普利公司付款人付款。

六、付款人承认付款

本任务中，普利公司接到中国农业银行北京分行付款通知后确定付款，办理付款结算手续。

七、付款人开户行将款项划给收款人开户行

本任务中，中国农业银行北京分行在承付期满日开户行营业终了前，账户有足够资金支付全部款项的，付款人开户行应在次日上午（遇例假日顺延）以第三联托收凭证作借方凭证。

转账后，在登记簿上填注转账日期。属于邮寄划款的，将第四联托收凭证填注支付日期后，随同联行"邮划"贷方报单寄交收款人开户行。属于电报划款的，则应根据第四联电划托收凭证编制联行电划贷方报单，凭以向收款人开户行拍发电报。

八、收款人开户行将款项收妥入账并通知收款人

开户行收到付款人开户行邮寄划款的第四联托收凭证、联行"邮划"贷方报单，审核无误，款项收妥入账并通知收款人。

本任务中，中国农业银行广东分行收到中国农业银行北京分行转账款项金额 67 302.75 元，并通知收款人将托收凭证联行"邮划"贷方报单给万里物流公司。

【课堂思辨】想一想，如果采用支票结算方式，如何进行支票结算操作？

【知识拓展】

一、运输费用的核算

根据物流企业运输环节中发生的各种耗费的实际情况,运输成本费用项目划分为直接人工、直接材料、其他直接费用以及营业间接费用四个项目。

1. 直接材料。运输成本费用中的直接材料包括燃料和轮胎两项。

2. 直接人工。直接人工是指支付给直接从事运输工作的司机和助手(如随车的售票乘务人员、副驾驶员等)的各种形式的报酬以及其他相关支出。

3. 其他直接费用。运输成本费用中的其他直接费用主要包括以下几个明细项目:

(1) 养路费;

(2) 修理费;

(3) 车辆保险费;

(4) 车辆管理费;

(5) 行车事故费;

(6) 折旧费;

(7) 低值易耗品摊销费;

(8) 其他费用。

4. 营运间接费用。营运间接费用作为运输业务成本费用项目,是指物流企业在营运过程中所发生的不能直接计入运输成本费用核算对象的各种间接费用,包括企业各个基层单位(车队、船队等)为组织和管理运输活动所发生的运输管理人员的各种薪酬、折旧费、修理费、租赁费、保险费、物料消耗、低值易耗品、取暖费、水电费、办公费、差旅费、劳动保护费及其他营运间接费用。

二、直接材料的归集和分配

(一) 燃料费用的归集和分配

物流企业在核算进行营运活动所耗用的燃料时,应当根据手续完备的燃料领用凭证进行汇总,编制燃料耗用汇总表,并据此对燃料费用进行归集和分配,记入有关的成本项目。

(二) 轮胎费用的归集和分配

营运车辆所领用的轮胎外胎、内胎、垫带以及轮胎零星修补费和轮胎翻新费用等,一般根据手续完备的轮胎领用单进行汇总,编制轮胎领用汇总表,并据此对轮胎费用进行归集和分配,记入有关的成本项目。

【例 2-1】沿用模块二任务一中任务实施资料,该车辆发生的燃料费为 5 000 元,轮胎费为 100 元,根据本月的有关燃料、轮胎领用单所发生的费用金额,编制相应的会计分录。

借:主营业务成本——运输支出——燃料　　　　　　　　　　5 000
　　　　　　　　　　　　　　——轮胎　　　　　　　　　　　100
　　贷:原材料——燃料　　　　　　　　　　　　　　　　　　5 000
　　　　　　——轮胎　　　　　　　　　　　　　　　　　　　100

三、直接人工的归集与分配

直接人工项目是每月根据薪酬结算单进行汇总分配的,对于有固定车辆的司机和助手的工资,直接记入各自成本计算对象,对于没有固定车辆的司机和助手的工资以及后备司机和助手的工资,则需按一定标准(车辆的车日或营运货物吨位)分配记入各成本计算对象。

【例2-2】沿用模块二任务一中任务实施资料,该案例资料中发生的人员费用为5 922.5元,根据上述资料,编制相应的会计分录。

借:主营业务成本——运输支出——直接人工　　　　　5 922.5
　　贷:应付职工薪酬　　　　　　　　　　　　　　　　　　5 922.5

四、其他直接费用的归集和分配

(一)修理费的归集和分配

对于物流企业的车辆修理费用的核算可分为以下几种情况:

1. 营运车辆由车队自行进行维修和保养的,直接记入该车队的"主营业务成本"账户及其具体的明细账中,对于维修和保养过程中所领用的车辆零配件和各种材料,则借记"主营业务成本——运输支出(相应的车队明细账)"账户,贷记"原材料"账户。

2. 营运车辆由企业下设的修理车间进行维修和保养时,其修理和保养费用则通过"辅助营运费用"账户进行归集和分配。

(二)车辆保险费的归集和分配

为了使物流企业的各种车辆在遭受各种人为和意外事故时发生的损失降到最低,企业应该为公司的各种车辆进行投保,既可减轻当事企业的经济负担,同时也可以为另一方当事人减少损失,企业的车辆保险费通常是按年度支付的。

【例2-3】沿用模块二任务一中任务实施资料,2011年12月当月车辆大修理费为2 400元,保养费为1 000元,车辆保险费为300元,均开出转账支票结算。根据上述资料,编制相应的会计分录。

借:主营业务成本——运输支出——修理及保养费　　　3 400
　　　　　　　　　　　　　　　——保险费　　　　　　300
　　贷:银行存款　　　　　　　　　　　　　　　　　　　3 700

(三)车辆管理费的归集和分配

物流企业每月月末按运营收入的一定比例计提运输管理费用,在下月初缴纳给公路运输管理部门。计提时借记"主营业务成本"账户,贷记"其他应付款"账户;缴纳时,借记"其他应付款"账户,贷记"银行存款"账户。

【例2-4】沿用模块二任务一中任务实施资料,假定月末根据运输管理费的征收标准的规定,按营运收入的8‰计提运输管理费为400元。根据上述资料,编制相应的会计分录。

(1)月末计提时:

借:主营业务成本——运输支出——车辆管理费　　　　400
　　贷:其他应付款　　　　　　　　　　　　　　　　　　400

(2)下月初支付时:

借:其他应付款　　　　　　　　　　　　　　　　　　　400
　　贷:银行存款/库存现金　　　　　　　　　　　　　　　400

(四)行车事故费用的归集和分配

行车事故费用是指营运车辆在运营过程中,因行车肇事所发生的各项事故损失。因企业内部造成的原因（如造成的货损、货差事故损失）或是不可抗力的原因而造成的损失则记入"营运间接费用"账户，而不直接列入成本项目里。对于发生的事故损失，可以在没有结案之前进行预估，预估费用时可以通过"预计负债"账户进行核算；结案后，则将实际损失与预提之间的差额进行调整记入有关成本中。

【例2-5】沿用模块二任务一中任务实施资料，假定该公司在事故过程中以现金结算方式实际支付各项医疗费总计为15 000元。根据上述资料，编制相应的会计分录。

借：主营业务成本——运输支出——行车事故费　　15 000
　　贷：银行存款　　　　　　　　　　　　　　　　　　15 000

（五）折旧费

【例2-6】沿用模块二任务一中任务实施资料，假定该公司本月计提的车辆折旧费为5 000元。根据上述资料，编制相应的会计分录。

借：主营业务成本——运输支出——折旧费　　　5 000
　　贷：累计折旧　　　　　　　　　　　　　　　　　　5 000

（六）其他费用

物流企业在运输活动中，除了前述的各项费用外，还会发生其他的直接费用，如行车杂支、车辆牌照费、洗车费、停车住宿费等，可根据原始票据编制记账凭证记入各分类成本项目。

【例2-7】沿用模块二任务一中任务实施资料，假定该公司本月发生的路桥费为1 200元，其中，公司本部400元，货运队为800元。根据上述资料，编制相应的会计分录。

借：主营业务成本——运输支出——其他费用　　　800
　　管理费用　　　　　　　　　　　　　　　　　　400
　　贷：库存现金　　　　　　　　　　　　　　　　　1 200

【思考与训练】

一、单选题

1. （　　）运输方式特别适合于运输距离长、价值高的产品。
　A. 铁路　　　　　B. 航空　　　　　C. 公路　　　　　D. 集装箱
2. 公路运输经济半径一般在（　　）。
　A. 200千米以内　B. 200千米以上　C. 500千米以上　D. 600千米以上
3. 使物品发生场所、空间移动的物流活动是（　　）。
　A. 配送　　　　　B. 搬运　　　　　C. 储存　　　　　D. 运输
4. 下列哪些不属于国内结算中使用的票据（　　）。
　A. 汇票　　　　　B. 本票　　　　　C. 支票　　　　　D. 发票
5. 国内结算使用的票据和结算凭证，哪些项目可以更改（　　）。
　A. 出票日期　　　B. 出票金额　　　C. 收款人名称　　D. 付款人名称

二、多选题

1. 按设备及工具不同分类，运输分为（　　）。
　A. 公路运输　　　　　　　　　　B. 铁路运输
　C. 水路运输　　　　　　　　　　D. 航空运输

E. 管道运输

2. 公路运输适用于承担（　　）的运输。

A. 短距离　　　　　　　　　　　B. 中长距离

C. 大宗货物　　　　　　　　　　D. 小批量货物

E. "门到门"

3. 合理运输的要素包括（　　）。

A. 运输距离　　　　　　　　　　B. 运输环节

C. 运输工具　　　　　　　　　　D. 运输时间和运输费用

E. 运输物品

三、判断题

1. 由于客户的时间观念越来越强，所以交货时间越早越好。　　　　（　　）
2. 为了满足准时交货要求，只有采用加班加点的方法。　　　　　　（　　）
3. 航空运输成本高，使它的作用很难扩大。　　　　　　　　　　　（　　）
4. 概括地说运输交易往往受五方面的影响。它们是托运人、收货人、承运人、政府和公众。（　　）
5. 远洋运输是国际货物运输的主要形式。　　　　　　　　　　　　（　　）

四、名词解释

运输费用

五、简答题

1. 影响运输费用的因素有哪些？
2. 简述运输费用的构成。
3. 支票哪些项目必须记载？哪些项目可以授权补记？
4. 汇票、本票和支票有何异同？

六、技能训练题

1. 某第三方物流企业运输采用自营运输，其下属的运输公司经营活动中与成本有关的数据如下：

设备原始价值：长途运输牵引机的购买价格为每台24万元，挂车的购买价格为每台12万元；牵引机的折旧年限为5年，挂车的折旧年限为8年，按预计行驶千米数计算的单位里程折旧额为1.5元。

燃料消耗：柴油价格5元/升，油料消耗25升/百千米，吨千米附加1升/百吨千米。

人工费：为该车配备的专职驾驶员长途运输的工资费用为0.4元/千米。

保险：支付全年的交通事故责任强制保险4 480元，第三者责任险5 400元，车损险2 600元。

其他按月支付的费用有：大修理费1 080元，轮胎费780元，保养费1 200元，车船税18元，印花税14元，营业税金及附加845元，土地使用税32元，运输管理费800元，防洪基金50元，其他支出924元。

本次运输从A地到B地，往返600千米，需2个工作日，一辆20吨货车去时载重20吨，回时顺路带货4吨；该次运输实际发生差旅费80元，行车补贴0.05元/千米，路桥费520元。

根据上述数据，计算此次运输费用。

2. 江苏科技有限公司 2010 年 4 月将运输设备销售给上海光华物流有限公司，销售金额为 300 000 元，江苏科技有限公司希望使用支票结算的方式收回货款。你知道采用支票结算如何办理吗？

模块三

仓储费用

任务一 仓储费用构成及计算

【知识目标】

1. 掌握仓储的概念。
2. 掌握物流企业的仓储作业流程。
3. 掌握仓储费用的构成与计算。

【能力目标】

1. 能够独立画出物流企业的仓储作业流程图。
2. 能够准确计算仓储各项费用。

【任务导入】

万里物流公司 2011 年 12 月仓储部门所发生的各项费用如表 3-1 所示。

表 3-1　　　　　　　　　　　仓储费用项目表　　　　　　　　　　单位：元

序号	1	2	3	4	5	6	7	8	9	10	11	12	合计
项目	仓库租赁费	材料消耗费	工资津贴	燃料动力费	保险费	维修费	搬运费	保管费	仓储管理费	易耗品费	资金占用利息	税金	
管理等费用	50 000	15 000	315 000	6 000	5 000	9 000	14 000	18 000	9 000	10 000	11 000	16 000	478 000

求解该物流公司仓储部门的仓储费用。

【任务分析】

一、仓储概述

（一）仓储的概念

"仓"即仓库，存放、保管、储存物品的建筑物和场地的总称，可以是房屋建筑、洞穴、大型容器或特定的场地等，具有存放和保护物品的功能。"储"即储存、储备，表示收存以备使用，具有收存、保管、交付使用的意思。仓储就是通过仓库对商品与物品的储存与保管的行为。

从物流管理的角度来看，可以将仓储定义为：根据市场和客户的要求，为了确保货物没有损耗、变质和丢失，为了调节生产、销售和消费活动以及确保社会生产、生活的连续性，而对原材料等货物进行储存、保管、管理、供给的作业活动。对仓储概念的理解要抓住以下要点：

第一，满足客户的需求，保证储存货物的质量，确保生产、销售的连续性是仓储的使命之一。

第二，当物品不能被即时消耗，需要专门的场所存放时，形成了静态仓储。对仓库里的物品进行保管、控制、存取等作业活动，便产生了动态仓储。

第三，储存的对象必须是实物产品，包括生产资料、生活资料等。

第四，储存和保管货物要根据货物的性质选择相应的储存方式，不同性质的货物应该选择不同的储存方式。

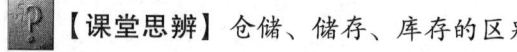【课堂思辨】仓储、储存、库存的区别是什么？

（二）仓储的地位与作用

1. 仓储活动是保证企业再生产活动顺利进行的必要条件。一方面企业原材料的生产、采购和使用在时间和空间上都存在矛盾，为了保证原材料按时、按量供应和现代化生产的连续进行，必然要求对原材料有合理的储备，才能保证供应，满足生产经营的需要；另一方面从企业内部生产环节来看，由于专业化程度的不断提高，社会分工的深化，生产的各单位之间的产品交换在时间和空间上也存在同样的矛盾，为了保证各单位生产活动的顺利进行，因此也必须在各环节之间保有一定的储备，才能保证大规模的现代化生产的连续进行。

2. 仓储活动衔接了生产与消费在时间上的不均衡。一方面商品的生产和消费之间有一定的时间间隔。有些产品的消费具有季节性，生产却必须常年进行，有些产品的生产具有季节性，而消费却具有常年性，要解决这些时间矛盾，唯一的办法就是进行产品储存，持续向消费者提供，才能满足消费者需求；另一方面企业进行大规模产品生产，如果将完工产品全部推向市场销售，必然会出现供大于求、价格下降、企业经济效益降低的现象。只有通过产品储存，将产品均衡地向市场供给，才能稳定市场，有利于生产的持续进行。

3. 仓储活动是开展物流管理的重要环节。仓储是物流的重要的作业活动，物品在物流过程中有相当的一部分时间内停留在仓储过程中，在仓储活动过程中要进行配送准备、运输整合、流通加工，还可以进行市场调节等活动。在这些活动中，都要发生成本支出，仓储成本是物流成本的重要组成部分。因此，物流管理活动中特别重视对仓储的管理，有效的仓储管理才能达到物流管理的目的。

因此，对仓储活动的计划、组织、协调、指挥、控制与监督等管理活动的好坏直接影响到仓储活动的效率，是企业再生产活动高效、低成本、连续进行的必要条件。

二、物流企业的仓储作业流程

(一) 入库作业

仓储入库作业的整个过程包括入库前准备、商品接运、商品入库验收、办理入库交接手续等一系列业务活动。

1. 入库前准备。

(1) 熟悉入库货物。仓库业务人员、管理人员应认真查阅入库物品资料，掌握入库物品的各种属性（货物的体积、重量、规格、物理和化学特征等）及保管要求。

(2) 掌握仓库情况。仓库业务人员、管理人员应了解物品入库期间和保管期间仓库的库容、设备、人员的变动情况，以便安排入库工作。必要时对仓库进行清查，清理货位，以便有足够的仓容。

(3) 制订仓储计划。仓库业务部门根据物品情况、仓库情况、设备情况，制订仓储计划，并将任务下达到各相应的作业单位、管理部门。

(4) 妥善安排货位。仓库部门根据入库物品的各种属性，结合仓库分区分类保管的要求及货位使用原则，妥善安排货位，并确定堆垛方法、苫垫方案。对于自动化的仓库，货位的分配一般由计算机管理系统自动完成。

(5) 准备苫垫材料、作业用具。在物品入库前，根据所确定的苫垫方案，准备相应的苫垫与衬垫铺设材料，并准备好所需用具，以便能及时使用。

(6) 验收准备。仓库理货人员根据物品情况和仓库管理制度，确定验收方法，准备验收所需的点数、测量、测试、开箱、装箱、丈量、移动照明等工具和用具。

(7) 装卸搬运工艺设定。根据物品、货位、设备条件和人员等情况，合理科学地制定物品装卸搬运工艺，保证作业效率。

(8) 文件单证准备。对物品入库所需的各种报表、单证、记录簿等，如入库记录、理货检验单、料卡、残损单等预填妥善，以备使用。

2. 商品接运。到达仓库的商品有一部分是由供应商直接运到仓库交货，其他商品则要经过铁路、公路、航运和空运等运输工具转运。凡经过交通运输部门转运的商品，均需经过仓库接运后，才能进行入库验收。商品接运的主要任务是及时而准确地向交通运输部门提取入库商品，要求手续清楚，责任分明，避免将一些在运输过程中或运输前就已经损坏的商品带入仓库，为仓库验收工作创造有利条件。主要形式有：

(1) 接收到货通知单，到车站码头提货。

(2) 接受托运方的委托，直接到供货单位提货。

(3) 接收托运方直接送到的货物。

（4）接受仓库自有铁路专用线的到货。

3. 商品入库验收。商品的入库验收，要进行数量点收、质量检验和包装检验。数量点收，主要是根据商品入库凭证清点商品数量，检查商品包装是否完整，数量是否与凭证相符。质量检验，主要是按照质量规定标准，检查商品的质量、规格和等级是否与标准符合，对于技术性强，需要用仪器测定分析的商品，须有专职技术人员进行。在包装验收时，应具体检查纸箱封条是否破裂、箱盖（底）是否粘牢、纸箱内包装或商品是否外露、纸箱是否受过潮湿。收货人员应注意识别商品包装是否完整、牢固，有无破损、受潮、水湿、油污等异状。对液体商品要检查包装有无渗漏痕迹。认真核对所有商品包装上的标识是否与入库通知所列的相符。

4. 办理入库交接手续。入库手续主要是指交货单位与库管员之间所办理的交接工作。其中包括：商品的检查核对，事故的分析、判定，双方认定，在交库单上签字。仓库一方面给交货单位签发接收入库凭证，并将凭证交给会计、统计入账、登记；一方面安排仓位，提出保管要求。

（二）在库储存保管

商品经过入库验收，办完入库手续，进入库房（货场）堆码或上货架之后，商品的入库业务就此结束，接着商品的储存保管业务便开始了。保管商品是仓库的基本职能。所谓保管，是对货物进行存储及对其数量、质量进行控制的活动。在这个阶段中，仓库要进行一系列工作，确保商品安全、商品质量完好和数量准确无误。

1. 选择储存方法。

（1）固定储存。每一货位只用于存放确定的物品，严格地区分使用，绝不混用、串用。对于长期货源的计划库存大都采用固定方式。

（2）随机储存。是根据库存货物及储位使用情况，随机安排和使用储位，各种商品的储位是随机产生的。随机储存适用于储存空间有限以及商品品种少而体积较大的情况。

（3）分类储存。是指所有货物按一定特性加以分类，每一类货物固定其储存位置，同类货物不同品种又按一定的法则来安排储位。分类储放主要使用于：商品相关性大，进出货比较集中；货物周转率差别大；商品体积相差大。

2. 货物码放。

（1）面向通道。为使物品出入库方便，容易在仓库内移动，基本条件是将物品面向通道保管。

（2）尽可能向高处码放。有效利用库内容积应尽量向高处码放，为防止破损，保证安全，应当尽可能使用棚架等保管设备。

（3）重下轻上原则。也称重不压轻原则，当物品重叠堆码时，当然要把重的东西放在下边，把轻的东西放在货架的上边。需要人工搬运的大型物品则以腰部的高度为基准。这对于提高效率、保证安全是一项重要的原则。

（4）同一品种在同一地方保管。提高作业效率和保管效率，同一物品或类似物品应放在同一地方保管，员工对库内物品放置位置的熟悉程度直接影响着出入库的时间，将类似的物品放在邻近的地方也是提高效率的重要方法。

（5）依据形状安排堆码方法，便于点数。依据物品形状来保管也是很重要的，如标准化的商品放在托盘或货架上来保管，每垛物品可按 5 或 5 的倍数存放，以便于清点计数。

【课堂思辨】 商品码放的方式有哪些？

3. 盘点。在仓储作业过程中，商品不断地入库和出库，在作业过程中产生的误差经过一段时间的积累会使库存资料反映的数据与实际数量不相符。有些商品因长期存放，使品质下降，不能满足用户需要。为了对库存商品的数量进行有效控制，并查清商品在库房中的质量状况，必须定期或不定期对各储存场所进行盘点作业，及时发现和解决保管中的问题。

盘点的主要目的是希望通过盘点来检查目前仓库中商品的出入库及保管状况，并由此发现和解决管理及作业中存在的问题，需要通过盘点了解的问题主要有：（1）实际库存量与账面库存量的差异有多大？（2）这些差异主要集中在哪些品种？（3）这些差异对公司的损益造成多大影响？（4）平均每个品种的商品发生误差的次数情况如何？

通过对上述问题的分析和总结，找出在管理流程、管理方式、作业程序、人员素质等方面需要改进的地方，进而改善商品管理的现状，降低商品损耗，提高经营管理水平。

（三）出库作业

商品出库要求做到"三不三核五检查"。"三不"，即未接单据不翻账，未经审单不备货，未经复核不出库；"三核"，即在发货时，要核实凭证、核对账卡、核对实物；"五检查"，即对单据和实物要进行品名检查、规格检查、包装检查、件数检查、重量检查。为保证商品及时、准确、迅速出库，商品出库必须坚持按一定的程序进行。出库存程序一般包括：

1. 核单备料。商品出库，必须首先核对和审查领发凭证，准确掌握出库商品的名称、编号、型号、实发数量、印鉴及审批手续。这就是出库业务的核单（验单）工作。进行核查之后，才能开始备料工作。按照商品储存秩序，按顺序取货，减少往复行走距离。

2. 复核。为防止差错，备料后应立即进行复核。复核的主要内容包括品种数量是否准确，商品质量是否完好，配套是否齐全，技术证件是否齐备，外观质量和包装是否完好，等等。

3. 办理交货手续。保管员与领货人办理交接手续，商品要当面验证，交清后，领货人应在出库凭证上签章。

4. 登账。保管员在办完交接手续后要整理现场，清理单据，登记账册，资料归档，并制订出库计划，妥善安排出库的人员和车辆。

在整个出库业务程序过程中，复核和交接是两个最为关键的环节。复核是防止差错的重要和必不可少的措施，而交接则是划清仓库和提货方两者责任的必要手段。

三、仓储费用的概念

仓储费用是指与取得、拥有储存物资有关的一切活动费用的总和，既包括仓储设施设备的费用、货物的储存费用，还包括为完成货物储存业务而发生的费用，比如仓储业务人员费用、仓储设施的折旧费、维修保养费、水电费、燃料与动力消耗等。

节约仓储费用的方法有以下几个方面:

1. 提高劳动效率。要做到这一点,首先,要在仓库实行经济核算制和定额管理,坚持按劳分配的原则,充分调动职工的积极性和创造性;其次,采用先进的科学技术,大力开展技术革新和技术改造。如计算机管理,自动化立体仓库,自动报警灭火装置,吸潮机等;最后,加强人才培养,努力提高职工队伍素质。

2. 充分发挥仓库的使用效能。仓储部门必须在保证存放物资安全的前提下,千方百计挖掘仓库潜力,认真革新技术,改进堆码方法,努力提高仓容利用率。

3. 加强存放物资的养护工作,努力减少存放物质损耗。首先,要把好物品验收入库关,防止有问题物品混入仓库;其次,加强在库保管工作,加强温湿度管理,防止虫蛀、鼠咬,把损耗降到最低限度;最后,要定期盘点,清仓挖潜,做到先进先出,对有问题物品采取积极措施,及时处理,努力降低费用水平。

四、仓储费用的构成及计算

(一) 仓储设施设备的费用

企业获得仓库等设施设备的方式有以下三种:

1. 自有仓库。自有仓库属于企业的固定资产,企业可以长期使用,并且多次参加企业的经营过程不改变其实物形态,它的价值随着固定资产的使用逐步、分次地转移到成本中,并最终从企业收入中得到补偿。自有仓库的费用依靠企业计提折旧的方式计算。影响折旧的因素有:设备使用期限、原值、固定资产净残值率和计提折旧的起止时间。方法如下:

(1) 平均年限法。是指按固定资产使用年限平均计算折旧的一种方法。计算公式为:

$$年折旧率 = (1 - 预计净残值率)/预计使用年限 \times 100\%$$

$$月折旧率 = 年折旧率/12$$

$$月折旧额 = 固定资产原值 \times 月折旧率$$

(2) 工作量法。平均年限法只考虑时间,未考虑强度,因而在一个时期内,不管机器设备使用的强度如何,其计提折旧数额都是相等的,因为平均年限法的这一不足之处,建议机器设备的折旧按工作量来计提折旧。其计算公式为:

$$每一工作量折旧额 = 固定资产原值 \times (1 - 预计净残值率)/预计总工作量$$

$$某项固定资产月折旧额 = 该项固定资产当月工作量 \times 每一工作量折旧额$$

此外,自有仓库等设施设备的维修和保养费用也应计入此部分仓储费用。自有仓库的仓储费用属于固定费用。

2. 租赁仓库。租赁仓库一般由出租方按照承租方的要求建造仓库,或者承租方根据自己的要求寻找适合的仓库。租赁仓库通常只提供存储货物的空间,很少或根本不提供其他物流服务。企业通过支付租金获得仓储设施设备的使用权,然后在仓库中自行开展仓储作业活动,而仓库的维护费用则由出租方负责。

租赁仓库的租金通常是根据企业在一定时期内租用的仓储空间的大小来收取的。租赁仓库的租金合约一般期限都很长，而企业租用的空间大小是基于该期限内的最大储存需求而决定的。当企业的库存没有达到最大值时，租金不会因为仓储空间没有被充分利用、存在空余而减小，因此租赁仓库的租金不会随着库存水平变化而每天波动，它与库存水平无关，不属于库存持有成本。租赁仓库的租金费用属于仓储成本，它会随市场供求情况发生变化，受市场上可供租赁的仓储空间的供给量与需求量的制约。此外，如果企业停止租赁，则租赁仓库所带来的所有费用都会消失。因此，租赁仓库的租金也属于固定费用。

3. 公共仓库。公共仓库可以为企业提供各种各样的物流服务。企业通过公共仓库的方式取得仓储空间，实际上是在企业和公共仓库之间建立了一种合作伙伴关系。公共仓库收费的高低根据以下因素确定：所需仓储空间的大小与期限；存储产品的种类数；产品存储时有无特殊要求或限制；搬运等仓储作业的强度；订单的平均规模；所需文字记录工作的工作量等。

小知识

什么是公共仓库

公共仓库是指国家或企业向社会提供的仓库，专门向客户提供相对标准的仓库服务。例如保管、搬运和运输等，因而又被称为"第三方仓库"。

公共仓库的费用由三个部分组成：存储费、搬运费和附加费用。存储费与企业在公共仓库中存货数量和存储时间有关，一般按每月每担计算收取，有时也按产品实际占用的存储空间来计算；搬运费通常按每担为单位收取，有时也会按出/入库次数收取；附加费用主要是指文字记录工作的费用，如提单制作的费用以每份为单位计收。

【课堂思辨】如何合理选择自营仓库、租赁仓库与公共仓库？

（二）储存货物的费用

1. 取得费用。取得费用是指物流企业为了取得储存物资而进行的各种活动的费用，比如差旅费、办公费、通信费等，具体包括：检查存货费用、编制并提出订货申请费用、选择供应商的费用、填制订单费用、填写并核对收货单费用、验货费等。这些费用很容易被忽视，但在考虑涉及仓储的全部作业活动时，尤其是收货作业，这些费用很重要。

2. 储存费用。储存费用是指企业为储存存货而发生的各种费用支出，如仓储费、保管费、搬运费、存货占用资金支付的利息费、存活残损和变质损失等。储存费用是为保持库存而产生的费用支出，可以分为固定费用和变动费用。固定费用与库存数量的多少没有关系，如仓库折旧、仓储人员的工资等，变动费用与库存数量的多少有关，如出入库的租赁仓库费用、取暖照明的费用等。因此：

$$储存费用 = 储存固定费用 + 储存变动费用$$
$$TC = F + KQ/2$$

其中，TC——储存费用；F——储存固定费用；K——单位变动储存费用；Q——储存量。

3. 库存服务费用。库存服务费用包括缴纳的税金和因持有库存而支付的火灾及盗窃

保险。

税金的评估方法通常随地点而不同。在一般情况下，税金是根据一年内某个特定日的存货水平或某一段时间内的平均库存水平征收的。有些国家对存货税金不作任何评估，如在美国，不同的州向企业征收的库存税率是有差别的，有的州税率为零，有的州的税率高达20%。库存税金等于库存产品的价值与税率的乘积。由于存货是分次/批存入的，入库时间和客户方不同，各批存货的价格也不同，要想计算库存产品的价值，需要选择一定的计量方法。在此介绍先入先出法、后入先出法、算术平均法及加权平均法四种方法。

【例3-1】 某第三方物流企业1号库A物资6月份库存记录情况如下：

4月1日，期初库存300吨，单位成本200元；

4月5日，购入200吨，单位成本220元；

4月10日，购入400吨，单位成本230元；

4月12日，出库600吨；

4月20日，购入200吨，单位成本240元；

4月25日，出库300吨。

根据以上资料，采用先入先出法、后入先出法、算术平均法及加权平均法四种方法分别计算期末存货价值。

解：(1) 先入先出法：如表3-2所示。（表中Q为出入库数量，P为购入物资单价）

表3-2　　　　　　　　　　先入先出法计算表　　　　　　　　　　单位：元

日期	入库			出库			库存		
	Q（吨）	P（元/吨）	PQ	Q（吨）	P（元/吨）	PQ	Q（吨）	P（元/吨）	PQ
4月1日							300	200	60 000
4月5日	200	220	44 000				300	200	60 000
							200	220	44 000
4月10日	400	230	72 000				300	200	60 000
							200	220	44 000
							400	230	72 000
4月12日				300	200	60 000			
				200	220	44 000			
				100	230	23 000	300	230	69 000
4月20日	200	240	48 000				300	230	69 000
							200	240	48 000
4月25日				300	230	69 000	200	240	48 000

因此，1号库A物资6月份期末存货价值 = 48 000元。

(2) 后入先出法：如表3-3所示。（表中Q为出入库数量，P为购入物资单价）

表 3-3　　　　　　　　　　　　后入先出法计算表　　　　　　　　　　　单位：元

日期	入库			出库			库存		
	Q（吨）	P（元/吨）	PQ	Q（吨）	P（元/吨）	PQ	Q（吨）	P（元/吨）	PQ
4月1日							300	200	60 000
4月5日	200	220	44 000				300 200	200 220	60 000 44 000
4月10日	400	230	72 000				300 200 400	200 220 230	60 000 44 000 72 000
4月12日				400 200	230 220	72 000 44 000	300	200	60 000
4月20日	200	240	48 000				300 200	200 240	60 000 48 000
4月25日				200 100	240 200	48 000 2 000	200	200	40 000

因此，1号库A物资6月份期末存货价值=40 000元。

(3) 算术平均法：

$$算术平均单位成本 = 各期购进存货单位成本的合计数/期数$$
$$= (200+220+230+240)/4$$
$$= 222.5（元/吨）$$

$$期末存货价值 = 期末存货数量 \times 算术平均单位成本$$
$$= (300+200+400-600+200-300) \times 222.5$$
$$= 200 \times 222.5$$
$$= 44 500（元）$$

(4) 加权平均法：

$$加权平均单位成本 = \sum 购进存货数量 \times 单价 / \sum 购进存货数量$$
$$= (300 \times 200 + 200 \times 220 + 400 \times 230 + 200 \times 240)/1 100$$
$$= 221.8（万/吨）$$

$$期末存货价值 = 期末存货数量 \times 加权平均单位成本$$
$$= 200 \times 221.8$$
$$= 44 360（元）$$

根据产品的价值与类型，产品丢失、损坏的风险不同，造成库存的损失也不同，因此而追加的费用不同，所以所需风险金水平不同。要根据国家规定费率计算相应的保险费。

(三) 仓储作业费用

企业利用自有仓库和租赁仓库时，会发生仓储作业费用。仓储作业包括出入库操作、验货、备货、日常养护与管理、场所管理作业、装卸搬运作业、流通加工作业等，这些作业都存在人力、物力的消耗，是仓储费用的组成部分。

1. 出入库操作、验货、备货、日常养护与管理、场所管理作业发生的费用。

（1）人员费用。包括从事该项作业的员工工资、加班费、奖金、福利、劳保等。当某个员工从事多项作业时，应当根据员工从事各项作业的时间，将其费用进行分配。

（2）能源费、水、耗损材料费。包括动力、电力、燃料、生产设备原料等，仓库用水，装卸搬运使用的工具，绑扎，衬垫等。

（3）折旧费或租赁费。自营仓库的固定资产每年需要提取折旧费，是按折旧期分年提取的，主要包括：库房、堆场等基础设施的折旧和机械设备的折旧等。若机器设备或工具是通过租赁方式获得，应用租金代替折旧，除租金外的维修费要视情况而定。若租赁方负责设施设备的维修，则租金就是租赁费，若不负责，则除租金外，加上维修费才是租赁费。

（4）保管费。指为存储货物所开支的货物养护、保管费用，它包括用于产品保管的货架、托盘的费用开支，仓库场地的房地产税等。

（5）修理费。主要用于设施设备的定期大修理，每年可以按设施设备投资额的一定比率提取。

（6）仓储损失。是指在保管过程中货物损坏而需要仓储企业赔付的费用。造成货物损失的原因一般包括仓库本身的保管条件，管理人员的人为因素，货物本身的物理、化学性能，搬运过程中的机器损坏等。

（7）该项作业应当分摊的管理费用。

2. 装卸搬运费用。仓库装卸搬运配合出库、入库、维护保养等活动进行，并且以堆垛、上架、取货等操作为主。装卸搬运费是指货物入库、堆码和出库等环节发生的装卸搬运费用，包括搬运设备的运行费用和搬运工人的成本。

3. 流通加工费用。根据需要在仓库内施加包装、分割、计量、分拣、刷标志、拴标签、组装等简单作业所发生的费用。

【任务实施】

一般来说，是按照支付形态计算仓储费用。

这种计算方法是从月度损益表中"管理费用、财务费用、营业费用"等各个科目中，取出一定的数值乘以一定的比率（物流部门比率，分别按人数平均、台数平均、面积平均、时间平均等计算出来）算出仓储部门的费用（见表3-4）。

表 3-4 仓储费用计算表 单位：元

序号	项目	管理等费用	计算基础（%）	仓储费用	备注
1	仓库租赁费	50 000	100	50 000	金额
2	材料消耗费	15 000	100	15 000	金额
3	工资津贴	315 000	30	94 500	人数比率
4	燃料动力费	6 000	50	3 000	面积比率
5	保险费	5 000	50	2 500	面积比率
6	维修费	9 000	50	4 500	面积比率
7	搬运费	14 000	50	7 000	面积比率
8	保管费	18 000	50	9 000	面积比率
9	仓储管理费	9 000	46	4 140	仓储费比率
10	易耗品费	10 000	46	4 600	仓储费比率
11	资金占用利息	11 000	46	5 060	仓储费比率
12	税金	16 000	46	7 360	仓储费比率
合计		478 000		221 660	

核算基准的计算公式如下：

人数比率 =（仓储部门人员数/物流公司人数）×100% =（21/70）×100% = 30%

面积比率 =（仓储设施面积/物流公司面积）×100% =（1 600/3 200）×100% = 50%

仓储费用比率 =（1~8 项的仓储费用之和/1~8 项的管理费用之和）×100%

= [（5 000 + 15 000 + 94 500 + 3 000 + 2 500 + 4 500 + 7 000 + 9 000）/
（50 000 + 15 000 + 315 000 + 6 000 + 5 000 + 9 000 + 14 000 + 18 000）] ×100%

= 200 500/432 000 ×100%

= 46%

单位仓储费用 = 1~12 项仓储费用之和/（仓储设施面积×30 天）

= 221 660/（1 600×30）≈ 4.62（元/平方米·天）

假设该物流公司的利润率为 10%，则

仓储报价 = 4.62 + 4.62 ×10% ≈ 5.08（元/平方米·天）

【知识拓展】

美国仓储费用的计算方法

美国仓储费用是将其分为固定费用和变动费用来计算的。

1. 固定费用的计算。仓储费用中的固定费用是相对固定的，与库存数量无直接关系，其成本项目主要包括租赁费、照明费、设备折旧费等

2. 变动费用的计算。计算单一库存产品的仓储变动费用步骤为：

(1) 确定库存产品的成本。

(2) 估算每一项仓储费用占库存产额价值的比例。其中，仓库租金、仓库折旧和税金、保险费的比例是 3%~10%；装卸搬运费、能源消耗和人工费的比例是 1%~5%；资金占用成本、库存产品损坏变质损失的比例是 5%~25%。

(3) 应全部存储费用占库存产品价值的比率乘以产品价值，就可估算出保管一定数量产品的仓储费用。

任务二 仓储费用结算

【知识目标】

1. 掌握银行本票结算方式。
2. 掌握委托收款结算方式。
3. 掌握实际费用结算操作。

【能力目标】

1. 能够熟练使用银行本票、委托收款银行转账结算方式。
2. 能够熟练掌握银行本票、委托收款结算流程及实际操作。

【任务导入】

沿用模块三任务一中的任务实施资料，2011 年 12 月 15 日，普利公司与万里物流签订了国内第三方物流外包业务合同。发生的仓储费用沿用上一案例中的资料，假如你是万里物流的跟单员，请以跟单员应具备的职业能力，完成本物流公司中仓储费用结算的工作。上一案例中发生的仓储费用合计为 $1\,600 \times 30 \times 5.08 = 243\,840$（元），双方约定采用银行本票的方式进行结算。

【任务分析】

假定在本案例中选择的结算方式是银行本票结算和委托收款结算。

一、银行本票结算方式

（一）银行本票概述

本票是出票人签发的、承诺自己在见票时无条件支付确定金额，给收款人或持票人的票据。按其出票人不同，本票可以分为银行本票和商业本票。银行或其他金融机构，签发的本票，为银行本票。银行或其他金融机构以外的法人或自然人签发的本票，为商业本票。我国结算工具所用本票主要指银行本票,即由银行或其他金融机构签发的,承诺自己在见票时无条件支付确定的金额给收款人或者持票人的票据。

(二) 银行本票的内容

(1) 表明"银行本票"的字样;
(2) 无条件支付的承诺;
(3) 确定的金额;
(4) 收款人名称;
(5) 出票日期;
(6) 出票人签章。

银行本票样式如图 3-1 所示。

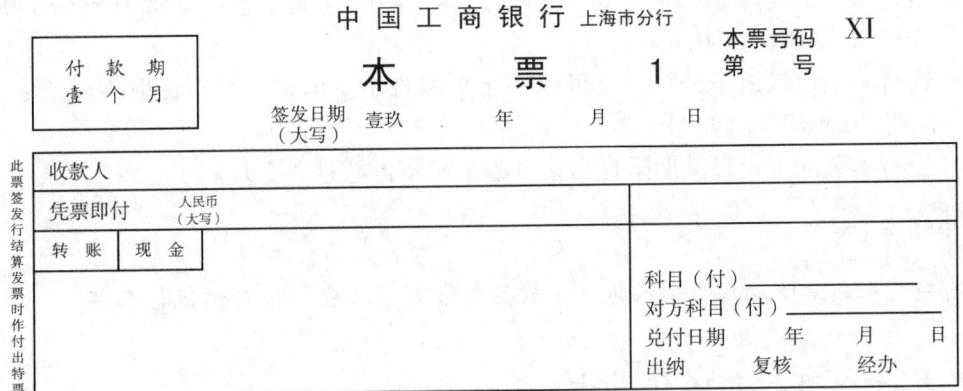

图 3-1 银行本票样式

(三) 结算流程

银行本票结算的业务流程(见图 3-2)。

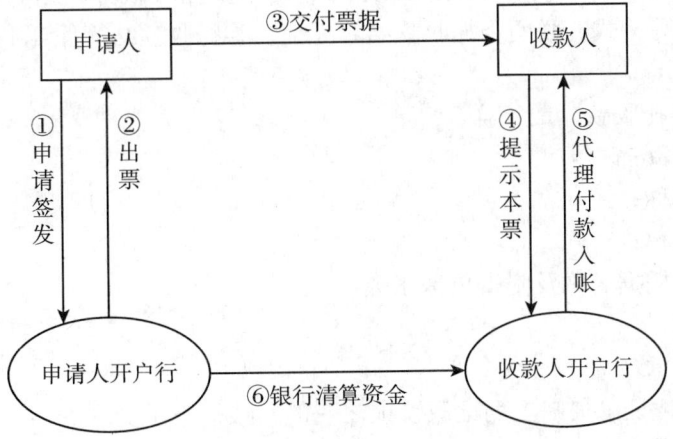

图 3-2 银行本票结算的业务流程

① 申请人向开户行申请签发银行本票；
② 申请人开户行审查后签发银行本票；
③ 申请人将银行本票交付收款人；
④ 收款人向其开户银行提示票据，要求付款；
⑤ 收款人开户行代理付款入账；
⑥ 银行间资金清算。

（四）相关规定

银行本票结算的相关规定如下：
（1）银行本票由银行签发且见票即无条件支付，信用度高；
（2）银行本票适用于单位或个人在同一票据交换区域支付款项时结算；
（3）银行本票有定额本票和不定额本票两种，其中定额本票的面额分别为 1 000 元、5 000 元、10 000 元和 50 000 元；
（4）银行本票可以用于转账，也可以用于提取现金。但是，用于提取现金的必须在银行本票上注明"现金"字样；
（5）银行本票的提示付款期限自出票日起最长不得超过 2 个月。

小知识

只有申请人或者收款人为个人时，才能签发带有"现金"字样的银行本票。

二、委托收款银行转账结算方式

（一）委托收款银行转账概述

1. 委托收款结算概念。委托收款结算，简称"委托收款"，是指收款人向银行提供收款依据，委托银行向付款人收取款项的结算方式。

2. 委托收款结算凭证的内容。交易双方约定使用委托收款方式结算，当收款人办理委托收款时，需要填写一式五联的委托收款结算凭证。委托收款结算凭证上必须记载以下必要事项。
（1）表明"委托收款"的字样；
（2）确定的金额；
（3）付款人名称；
（4）收款人名称；
（5）委托收款凭据名称及附寄单证张数；
（6）委托日期；
（7）收款人签章。

委托收款结算凭证上欠缺上列记载事项之一的，银行不予受理。
委托收款凭证样式如图 3-3 和图 3-4 所示。

委邮：

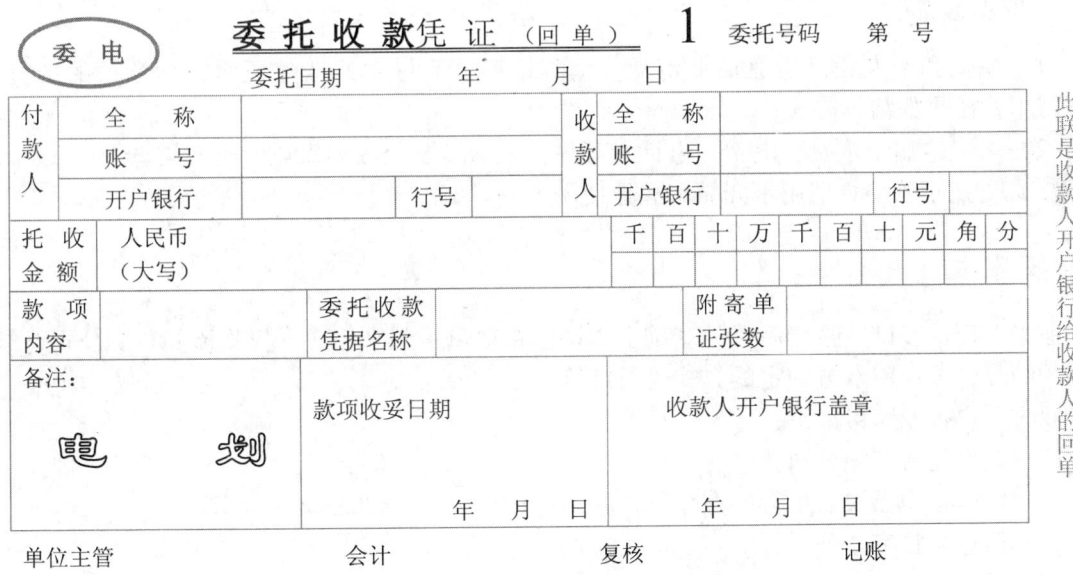

图 3-3　委托收款凭证 1

电划：

图 3-4　委托收款凭证 2

（二）结算流程

委托收款的结算流程如图 3-5 所示。

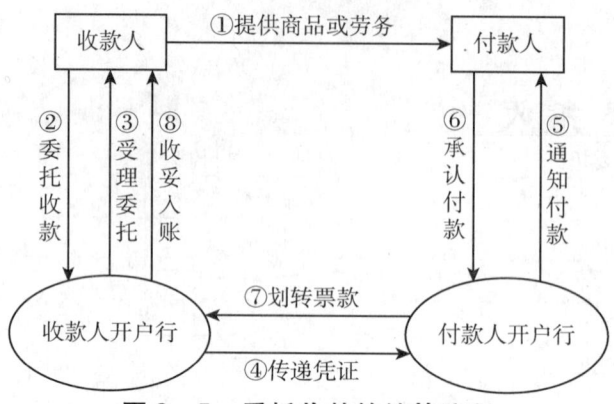

图 3-5 委托收款的结算流程

① 卖方（收款人）提供商品或劳务给买方（付款人）；
② 收款人委托其开户银行代理收款；
③ 收款人开户行审核后受理委托；
④ 收款人开户行向付款人开户行传送委托收款凭证；
⑤ 付款人开户行出示凭证通知付款人付款；
⑥ 付款人承认付款；
⑦ 付款人开户行将款项划给收款人开户行；
⑧ 收款人开户行将款项收妥入账并通知收款人。

（三）相关规定

（1）单位和个人凭已承兑商业汇票、债券、存单等付款人债务证明办理款项的结算，均可使用委托收款结算方式；
（2）一般适用于水费、电费、电话费等付款人众多及分散的事业性收费结算；
（3）委托收款结算适用于同城和异地使用。

【任务实施】

在以上理论基础及技能掌握的基础上，协助跟单员一起来完成万里物流和普利公司仓储费用的结算，下面就双方约定的方式进行结算。

双方开户行及账号如下：

广东万里物流有限公司：

开户银行：中国农业银行广东分行，账号：103456234787654×××

普利信息科技有限公司：

开户银行：中国农业银行北京分行，账号：102356534788634×××

沿用模块三任务二中的任务导入资料，双方约定以银行本票结算方式结算仓储费用243 840元。

具体操作流程：

一、向开户银行申请签发银行本票

申请人或汇款人首先需要向开户行申请签发银行本票。办理银行本票结算时，申请人还必须填制"银行本票申请书"一式三联，填写内容必须全面，同时将所汇款金额交由开户行。

本任务中，普利公司作为汇款人，需要向其开户行申请使用银行本票，申请过程中，普利公司需要填写"银行本票申请书"一式三联，然后交存款项 243 840 元。

二、开户银行签发银行本票

开户行要对"银行本票申请书"进行仔细、全面审核后才能签发银行本票。开户行审核的内容包括要素填写是否全面规范、签章是否符合要求、申请人现金是否交存等。签发的"银行本票"一式四联。

本任务中，普利公司开户行首先要对普利公司填写的"银行本票申请书"进行检查，检查没有问题后，将会签发一式四联的"银行本票"。对本票填写的内容审核后，普利公司开户行会将第一联加盖经办、复核名章后连同第四联一并保管，然后交给普利公司第二、第三联。

三、将银行本票交付收款人

本任务中，普利公司会持有第二、第三联银行本票前往万里物流办理结算。这个过程中，普利公司会将银行本票交给票面上记载的收款人万里物流。万里物流收到银行本票时必须审核本票是否规范和真实。一方面，要审核该银行本票上的收款人是否为万里物流；另一方面，还要审核普利公司和其开户行是否符合规定，不得更改的事项是否有被更改，其他金额、签章等填写是否规范。

四、收款人提示开户银行付款

银行本票正联和解讫通知审核无误，且在有效期内，收款人就可以提示其开户行付款了。

本任务中，万里物流公司由于为普利公司提供了产品的收货、仓储及出货服务，才有货款的结算。所以，在向其开户行中国农业银行广东分行提示付款的过程中，万里物流公司还需要填写一式三联的"进账单"，其中第一联留存，第二、第三联连同银行本票第二、第三联交由其开户行中国农业银行广东分行提示付款。

五、代理付款行付款入账

开户行收到银行本票第二、第三联和进账单第二、第三联后，审核无误，代理付款。

本任务中，中国农业银行广东分行收到银行本票第二联正联、第三联解讫通知联和两联进账单后，要认真审核本票的真实性和规范性。审核的内容包括本票的记载事项是否全面、汇票的联次是否正确、该本票是否超过付款期限、结算的金额是否超过 500 元、大写出票日期和金额是否正确等。审核无误，中国农业银行广东分行办理转账，将交易款项 243 840 元记到万里物流账户。同时，将第三联进账单加盖章后交给万里物流，第三联银行本票解讫加盖章后寄给普利公司开户行。

六、银行间资金清算

出票行（申请人开户行）与收款人开户行之间进行银行本票实际资金的清算。

本任务中，普利公司开户行收到银行本票解讫联加盖章后，与本行保管的银行本票第一、第四联核对，二者完全一致，普利公司开户行结算本票款项。

【课堂思辨】想一想，如果采用委托收款结算方式，如何进行结算？

【知识拓展】

一、仓储费用的核算

仓储成本费用是指物流企业运用仓库及各种储存设备为客户提供货物储存和保管业务时所发生的各项费用之和。由于仓储业务的特点及其业务流程，一般来说只将仓储成本费用项目具体划分为仓储直接费用以及营运间接费用两个项目。

（一）仓储直接费用

1. 直接人工。直接人工是指支付给直接从事仓储作业工作的人员的各种薪酬。

2. 动力及照明费。动力及照明费是指冷藏仓库、恒温仓库等消耗的动力费和各种仓库耗用的照明费。

3. 修理费。修理费是指为保证仓储设备正常使用而发生的各级维护和修理费用。其核算处理同运输业务相同。

4. 事故损失费。事故损失费是指在仓储作业过程中，因仓库责任造成的各项事故损失如货物被盗、丢失、毁损、变质、错交等货损、货差事故损失等。

5. 折旧费。折旧费是指物流企业仓储活动中涉及的各类仓储设备按规定计提的折旧费。

6. 低值易耗品摊销费。低值易耗品摊销费是指在完成仓储业务过程中发生的需要由仓储成本负担的低值易耗品的摊销费，如货架、垫仓板、毡布等仓储工具和其他低值易耗品的摊销额。

7. 材料费用。材料费用是指因仓储、保管货物所消耗的各种材料。

8. 劳动保护费。劳动保护费是指从事仓储业务使用的劳动保护用品、防暑清凉饮料以及采取劳动保护措施等所生的各项费用。

9. 保险费。保险费是指为了减少仓储作业在其责任期限内因发生货物以外或人为灾害所造成的经济损失而向保险公司投保的费用，保险费通常是按年度支付的，缴纳保险费时，借记"主营业务成本——仓储支出"和"营运间接费用"等账户及其所属明细账，贷记"银行存款——库存现金"，若受益期限超过1年，可通过"长期待摊费用"账户核算。

10. 其他费用。其他费用是指除了上述项目以外的仓储直接费用。

（二）营运间接费用

营运间接费用作为仓储业务成本费用项目，是指物流企业在仓储业务过程中所发生的不能直接记入仓储成本费用核算对象的各种间接费用。而在物流企业实务中，仓储业务和装卸业务是密不可分的，仓储和装卸业务往往与客户合签一张合同，因此实务中的营运间接费用通常是指企业的仓储装卸营运部或分公司为管理和组织仓储和装卸业务所发生的管理费用和业务费用。

二、仓储费用的归集和分配

（一）仓储直接费用的归集和分配

仓储业务发生的直接费用，应根据"薪酬结算汇总表"、"材料耗用汇总表"、"固定资产折旧费用计算表"以及各种原始发票、单据等原始凭证，属于直接费用项目的直接列入各成本计算对象。发生费用时，借记"主营业务成本——仓储支出"账户及其相关明细账，贷记"应付职工薪酬"、"原材料"、"累计折旧"、"银行存款"等相对应的账户。

【例 3-2】 某物流公司结算 2011 年 11 月份的工资,并编制了"薪酬结算汇总表"。在汇总表中,仓库作业人员薪酬总额为 40 000 元,其中普通仓库作业人员的工资为 10 000 元,冷藏仓库作业人员的工资为 30 000 元。请编制相应的会计分录。

借:主营业务成本——仓储支出——普通仓库——直接费用(工资)　10 000
　　　　　　　　　　　　　　　冷藏仓库——直接费用(工资)　30 000
　　贷:应付职工薪酬　　　　　　　　　　　　　　　　　　　　40 000

(二) 营运间接费用的归集和分配

由于物流企业的仓储业务和装卸业务是合在一起的,因此营运间接费用的分配必须首先在仓储业务和装卸业务之间进行初次分配,然后将仓储业务负担的间接费用按仓储的成本计算对象进行再分配,最后将二次分配后的金额记入仓储成本费用中。

【例 3-3】 某物流公司 11 月 30 日 "营运间接费用——仓储装卸部"明细账户余额为 38 250 元,该月普通仓库发生的直接费用为 6 000 元,冷藏仓库发生的直接费用为 8 000 元,机械装卸队发生的直接费用为 8 500 元,人工装卸队发生的直接费用为 3 000 元。有关计算和会计分录如下:

(1) 计算分配仓储业务和装卸业务负担的营运间接费用:

分配率 = 38 250/(6 000 + 8 000 + 8 500 + 3 000) = 1.5
仓储业务负担的营运间接费用 = 14 000 × 1.5 = 21 000(元)
装卸业务负担的营运间接费用 = 11 500 × 1.5 = 17 250(元)

(2) 计算分配普通仓库和冷藏仓库应负担的营运间接费用:

分配率 = 21 000/(6 000 + 8 000) = 1.5
普通仓库负担的营运间接费用 = 6 000 × 1.5 = 9 000(元)
冷藏仓库负担的营运间接费用 = 8 000 × 1.5 = 12 000(元)

机械装卸队和人工装卸队有关营运间接费用的分配计算同上。

(3) 作相应的会计分录。

借:主营业务成本——仓储支出——普通仓库——营运间接费用　　　9 000
　　　　　　　　　　　　　　　——冷藏仓库——营运间接费用　　12 000
　　　　　　　　　——装卸支出——机械装卸队——营运间接费用　12 750
　　　　　　　　　　　　　　　——人工装卸队——营运间接费用　　4 500
　　贷:营运间接费用——仓库装卸部　　　　　　　　　　　　　　38 250

【思考与训练】

一、单选题

1. 与库存水平有关的费用是(　　)。
   A. 仓储作业费用　　B. 租赁仓库价格　　C. 库存持有费用　　D. 以上答案都不对

2. 银行本票结算适用于(　　)。
   A. 同城结算　　B. 异地结算　　C. 同城和异地结算　　D. 不用于结算

3. 根据购销合同由收款人发货后委托银行向异地付款人收取款项,并由付款人向银行承认付款的结算方式是(　　)。
   A. 汇兑　　B. 委托收款　　C. 托收承付　　D. 国内信用证

二、多选题

1. 库存的作用包括（   ）。
   A. 维持销售产品的稳定　　　　　　B. 维持生产的稳定
   C. 平衡企业物流　　　　　　　　　D. 平衡企业流动资金的占用
2. 库存的弊端主要表现为（   ）。
   A. 占用企业资金　　　　　　　　　B. 增加企业生产成本和管理成本
   C. 掩盖了企业众多管理问题　　　　D. 增加了缺货成本

三、判断题

1. 储存时间长，必定会增加储备物资"时间效用"，物资储存时间越久，收益越大。（   ）
2. 储存作业保管的工作程序是：入库→验收→保管→出库。（   ）
3. 物品在储存期间发生串味变化是由于产品发生了物理变化，改变了产品质量。（   ）
4. 物品的储存期间由于物理变化导致物品发生腐蚀。（   ）
5. 仓库的年周转次数越高，经济效益越高。（   ）
6. 企业自有仓库的费用依靠企业计提折旧的方式计算，不再包括其他费用。（   ）
7. 租赁仓库的租金随着库存水平的变化而波动，是与库存量有关的仓储费用。（   ）
8. 仓储服务费用主要包括保险和税金。（   ）
9. 仓储费用和库存持有费用均与库存水平有关。（   ）

四、名词解释

仓储费用

五、简答题

1. 简述仓储费用的构成。
2. 银行本票的基本流程怎样完成？
3. 委托收款结算和托收承付结算有何异同？

六、技能训练题

1. 某第三方物流企业1号库A物资4月1日实物盘点得出的期末库存为400吨，库存记录情况如下：

    1月1日，期初库存300吨，单位成本2元；

    1月8日，购入200吨，单位成本2.2元；

    2月14日，出库400吨；

    2月20日，购入300吨，单位成本2.3元；

    2月28日，出库200吨；

    3月30日，购入200吨，单位成本2.5元。

   根据以上资料，采用先入先出法、后入先出法、算术平均法及加权平均法四种方法分别计算期末存货价值。

2. 某物流公司2011年5月仓储部门所发生的各项费用如下表所示。

单位：元

序号	1	2	3	4	5	6	7	8	9	10	11	12	合计
项目	仓库租赁费	材料消耗费	工资津贴	燃料动力费	保险费	维修费	搬运费	保管费	仓储管理费	易耗品费	资金占用利息	税金	
管理等费用	50 040	15 092	315 668	6 322	5 124	9 798	14 057	19 902	9 638	10 658	11 930	16 553	434 742

计算该物流公司仓储部门的仓储费用。

3. 某物流公司结算 2011 年 9 月份的工资，并编制了"薪酬结算汇总表"。在汇总表中，仓库作业人员薪酬总额为 60 000 元，其中普通仓库作业人员的工资为 20 000 元，冷藏仓库作业人员的工资为 40 000 元。请编制相应的会计分录。

4. 某物流公司 6 月 30 日"营运间接费用——仓储装卸部"明细账户余额为 37 800 元，该月普通仓库发生的直接费用为 5 000 元，冷藏仓库发生的直接费用为 6 000 元，机械装卸队发生的直接费用为 7 000 元，人工装卸队发生的直接费用为 3 000 元。请编制相应的会计分录。

模块四

包装费用

任务一　包装费用构成及计算

【知识目标】

1. 掌握包装的定义及功能。
2. 了解包装的分类。
3. 理解包装费用的概念及影响因素。
4. 掌握包装费用的构成与计算。

【能力目标】

1. 能够列出包装的四大功能。
2. 能够准确计算各项包装费用。

【任务导入】

广东万里物流公司在对普利公司 W 商品运输前进行分类包装和运输包装，领用一次使用的包装箱 30 只，该包装箱每只单位成本为 20 元，共计 600 元。应支付包装人员工资费用 1 500 元，以现金支出其他包装费用 500 元。2011 年 12 月末，广东万里物流公司对一台包装机械计提折旧，该包装机械原值 20 000 元，净残值率为 4%，年折旧率为 10%。计算 W 商品的包装费用。

【任务分析】

一、包装

（一）包装的概念

中国国家标准 GB/T4122.1－1996 中规定，包装的定义是："在流通过程中为保护产品、方便储运、促进销售，按一定技术方法而采用的容器、材料及辅助物等的总体名称。也指为了达到上述目的而采用容器、材料和辅助物的过程中施加一定技术方法等的操作活动。"

从这个定义可以看出，包装不仅是一种技术和方法，而且是一个连贯的过程。通过这个过程可以使物品状态稳定，保证物品在运输、仓储、配送等物流环节中完好无损，便于销售和消费。

其他国家或组织对包装的含义有不同的表述和理解，但基本意思是一致的，都以包装功能和作用为其核心内容，一般有两重含义：

(1) 关于盛装商品的容器、材料及辅助物品，即包装物。
(2) 关于实施盛装和封缄、包扎等的技术活动。

(二) 包装的分类

1. 按包装功能不同分类

(1) 工业包装。工业包装又称为运输包装，是物资运输、保管等物流环节所需要的必要包装。工业包装以强化运输、保护商品、便于储运为主要目的。对于生产资料，工业包装的作用尤其突出。这是因为生产资料的生产与消费，批量大、数量多，因而导致物资的运输量和储存量都大大超过生活资料。工业包装要在满足物流要求的基础上使包装费用越低越好。一般来说，为了降低包装费用，包装的保护性也往往随之降低，故商品的流转损失亦会加大；反之，如是增强包装，包装费用相应增加，而流转损失会有所下降，因此对于普通物资的工业包装其程度应当适中，才会有最佳的经济效果。

(2) 商业包装。它是以促进销售为主要目的的包装，这种包装的特点是外形美观，有必要的装潢，包装单位适于顾客的购买量以及商店陈设的要求。在流通过程中，商品越接近顾客，越要求包装有促进销售的效果。因此，这种包装的特点是造型美观大方，拥有必要的修饰，包装上有对于商品的详细说明，包装的单位适合于顾客的购买以及商家柜台摆设的要求。

应该注意的是，在有些情况下工业包装同时又是商业包装，比如装食品的纸箱子应属于工业包装，但连同箱子出售时，也可认为是商业包装。为使工业包装更加合理并促进销售，在有些情况下，也可以采用商业包装的办法来做工业包装，如家用电器就是兼有商业包装性质的工业包装。

2. 按包装层次不同分类。

(1) 单件包装。又称小包装、个体包装，是指一个商品为一个销售单位的包装形式。个体包装直接与商品接触，在生产中与商品装配成一个整体。它以销售为主要目的，一般随同商品销售给顾客，因而又称为销售包装或小包装。个体包装起着直接保护、美化、宣传和促进商品销售的作用。

(2) 内部包装。简称内包装，又称中包装，是指若干个单体商品或包装组成一个小的整体包装。它是介于个包装与外包装的中间包装，属于商品的内层包装。中包装在销售过程中，一部分随同商品出售，一部分则在销售中被消耗掉，因而被列为销售包装。在商品流通过程中，中包装起着进一步保护商品、方便使用和销售作用，方便商品分拨和销售过程中的点数和计量，方便包装组合等。

（3）外部包装。又称运输包装或大包装，是指商品的最外层包装。在商品流通过程中，外包装起着保护商品、方便运输、装卸和储存等方面的作用。

（三）包装材料的分类

包装材料是指构成包装实体的主要物资。由于包装材料的物理性能和化学性能的千差万别，所以包装材料的选择对保护产品有着非常重要的作用。包装材料的性能，一方面取决于包装材料本身的性能，另一方面还取决于各种材料的加工技术。

1. 金属包装材料。金属包装材料是指把金属压制成薄片，用于产品包装的材料，主要是指钢材和铝材，其形式为板材和金属箔，前者为刚性材料，后者为软性材料。刚性金属材料在包装上主要用于加工运输包装用的铁桶、集装箱，也可用于加工饮料、食品销售包装用的金属罐，还有少量用于加工各种瓶罐的瓶底和捆扎材料等。软性金属材料在包装上主要用于制造软管、金属箔和复合材料。

2. 玻璃包装材料。玻璃包装材料是指用于制造玻璃容器，满足玻璃产品包装要求所使用的材料。玻璃用于运输包装，主要是指存放化工产品（如强酸类）的大型容器上的应用；其次是玻璃纤维复合袋在存装化工产品和矿物质粉料上的应用。玻璃用于销售包装，主要是玻璃瓶和平底杯式玻璃罐。

3. 木质包装材料。木材作为包装材料的历史悠久，几乎所有的木材都可以用于包装材料，通常用木材制作的运输包装，适用于大型的或较笨重的机械、五金交电、自行车及怕压、怕摔的仪器仪表等商品的外包装；经过美化装饰的木材材料，也广泛用于高档商品的小包装。木材较多用于制作木桶、木盒和胶合板箱三类容器。木材的另一用途是制作托盘。

4. 纸和纸板。纸和纸板在包装材料中应用作为广泛。纸资源广泛，重量轻，成本低，折叠性好，有适于印刷、可回收等诸多优势，被称为"绿色包装材料"。纸和纸板广泛应用于运输包装和销售包装。纸主要用于包装商品、制作手袋和印刷装潢商标等，销售包装上用纸较多；纸板主要用于生产纸箱、纸盒和纸桶等包装容器。

5. 塑料包装材料。塑料是指以树脂为主要成分，以增塑剂、填充剂、润滑剂、着色剂等添加剂为辅助成分，在加工过程中能流动成型的材料。从塑料的概念可以看出，通常所用的塑料不是一种纯物质，而是由多种材料配置而成的，其中高聚物（也称合成树脂）是塑料的主要成分。此外，为了改进塑料的性能，还要在树脂中添加各种辅助材料，才能制成性能良好的塑料。塑料在包装上的应用比较广泛，可以加工成薄膜、容器、防震缓冲包装材料、密封材料以及带状材料。

6. 复合包装材料。复合材料是由两种或两种以上的材料，通过各种方法结合在一起组成的材料。复合包装材料能避免各种包装材料的缺点，发挥各种包装材料的优点，形成一种完美的包装材料。复合材料在各个领域应用广泛，现在使用较多的是薄膜复合材料。常见的复合包装材料有纸基复合材料、塑料基复合材料和金属基复合材料等。

【课堂思辨】除了以上几种外，还有哪些包装材料？

 小知识

绿色包装设计中的材料选择应遵循以下几个原则：
（1）轻量化、薄型化、易分离、高性能的包装材料；
（2）可回收和可再生的包装材料；
（3）可食性包装材料；
（4）可降解包装材料；
（5）利用自然资源开发的天然生态的包装材料；
（6）尽量选用纸包装。

二、包装的主要功能

（一）保护商品

保护功能，也是包装最基本的功能，即使商品不受各种外力的损坏。一件商品，要经多次流通，才能走进商场或其他场所，最终到消费者手中，这期间，需要经过装卸、运输、库存、陈列、销售等环节。在储运过程中，很多外因，诸如渗漏、浪费、偷盗、损耗、散落、掺杂、收缩和变色等，都会威胁到商品的安全。保护货物不仅包括防止丢失、损坏和被盗，还包括根据货物的性质，防止货物受潮、失火、受到高温或低温、气体、昆虫等的损害，遭受污染和其他自然风险。

（二）促进销售

美国杜邦（DuPont）化学公司提出的"杜邦定律"认为：63%的消费者是根据商品包装来进行购买的。美国某著名的包装设计公司认为：对于多数产品来说，产品即包装，包装即产品。"每个包装箱都是一幅广告牌"。良好的包装能够提高新产品的吸引力，能直接吸引消费者的视线，让消费者产生强烈的购买欲，从而达到促销的目的。包装本身的价值也能引起消费者购买某项产品的动机。此外，提高包装的吸引力要比提高产品单位售价的代价要低。因此，包装成为最沉默的推销员，也成为最有效的推销员。

（三）方便储运

包装还有方便储运的功能。运输工具现代化往往可以把许多单件包装或多类包装组合起来，以组合的形式把商品运输到流通领域。商品经组合化后，便于多次储运和装卸，方便长途运输，减轻人力装卸强度、减少机械化作业次数，节约装卸费用，防止货物受损。合理的包装不仅会减少运输过程中的装卸搬运时间，而且有利于车辆积载，有利于提高车辆的利用率。商品外包装和仓库设施、运输设施尺寸模数统一，有利于商品的运输和保管，能够实现物流系统的合理化。

（四）方便消费

方便消费也就是商品的包装是否便于携带、使用等。一个好的包装作品，应该"以人

为本",站在消费者的角度考虑,一个设计独特、新颖大方并且具有强烈的视觉冲击力色彩的包装可以使本企业产品有别于其他同类产品,方便消费者进行分辨和挑选;一个结实、适用的包装可以有效地保护商品,安全可靠的包装有利于商品的长期储存及延长商品的使用寿命,开启方便和能重新密封的包装便于消费者使用,这样会拉近商品与消费者之间的关系,增加消费者的购买欲,增强对商品的信任度,也促进消费者与企业之间的沟通。

【课堂思辨】除了以上四种功能外,包装还有哪些功能?

三、包装费用的概念及影响因素

(一) 包装费用的概念

包装费用是指在一定时期内,企业为完成货物包装业务而发生的全部费用,包括包装业务人员费用、包装材料消耗、包装设施折旧费和维修保养费、包装技术设计、实施费用以及包装标记的设计、印刷等辅助费用。

包装作为生产的终点和物流的起点,因而其包装的实施过程可能在生产企业,也可能在物流企业。无论其为工业包装还是商业包装,都需耗用一定的人力、物力和财力,对于大多数商品,只有经过包装,才能进入流通。据统计,包装费用占流通费用的10%,有些商品特别是生活消费品,其包装费用所占比例高达50%。因而加强其包装费用的管理与核算,可以降低物流成本,进一步提高物流企业经济效益。

(二) 影响包装费用的因素

1. 包装功能的要求。出于不同的目的,对商品的包装要求不一样,从而包装费用的支出也存在差异。根据包装的功能不同,包装可分为商业包装和运输包装。出于方便运输和促销的不同要求,商品包装在设计、选材、包装技术等方面存在很大的差别;出于促销功能的包装,各方面要求都比运输要求的包装要高,尤其是在包装设计、包装选材等方面,相应的包装费用也比后者高。当代社会过度夸大了包装的作用,过分包装、豪华包装、奢侈包装现象层出不穷。过度的包装一方面造成资源浪费;另一方面也造成不必要的环境污染,如塑料袋带来的白色污染问题。

2. 商品性质。商品的性质不同导致的包装费用也不同。有的商品易变质,比如食品需要冷藏技术;有的商品具有毒性,比如农药需要特殊包装;有的商品易碎,比如瓷器需要加强防震技术。由此可见,商品的性质不同对包装材料的要求、包装技术的使用也不一样,因此这些特性商品比一般商品的包装费用要高,而水泥、粮食、石油等都采用散装方式,包装费用相应就低很多。

3. 包装材料。包装材料价格是影响商品包装费用上升的重要因素。包装费用的很大一部分是包装材料费用,而影响包装材料费用的关键因素是包装材料价格。包装材料价格高,包装费用就高;包装材料价格低,包装费用就低。包装材料价格取决于包装材料的供应和需求。包装材料多种多样,价格也存在很大的差异,如采用玻璃包装的成本要比采用木质包装的成本高。

4. 国家法律法规。商品包装不仅要适应商品特性、便于流通、促进销售、满足消费者需要，还要符合国家的法律法规的要求，符合国家标准。

为了加强对包装物的利用，我国正在拟定并准备出台《包装物回收利用管理办法》，该办法规定：在保证安全、卫生和消费使用的前提下，尽量减少包装物的使用量和体积，避免和减少产生固体废物，包装物的成本一般不得超过产品成本的25%，产品与包装物之间的空隙一般不能大于包装体积的35%。有关政府部门将对包装回收和利用的情况进行定期检查，并向社会公布检查结果。若发现违反规定的，相关部门将责令其限期改正，拒不改正的，处以10万元以下罚款。

四、包装费用的构成与计算

(一) 包装业务人工费用

包装业务人工费用是指从事包装的操作工人与其他有关人员的工资、奖金、津贴、补贴等费用的总和。但是不包括这些人员的劳动保护费支出。

包装业务人工费用的计算，需要有准确的原始记录资料，包括工资卡、考勤记录、工时记录、工作量记录等原始凭证，企业的会计部门根据劳动合同等有关规定和企业规定的工资标准、工资形式、奖金津贴等制度以及相关的工作考核结果计算每个包装工人及其他相关人员的工资。

(二) 包装材料费用

各类物资在实施包装过程中耗费在材料费用支出上的费用称为包装材料费用。企业的包装材料除少数自制外，大部分是通过采购取得的。财政部颁布的《企业会计准则》和修订的《工业企业会计准则》均有所规定和说明，外购材料的费用主要包括以下内容。

1. 买价。即购买价格。若购买时存在折扣，应将购货折扣予以扣除，此外还需考虑扣除包装品的回收价值。

$$材料包装费 = 发生包装品的数量 \times 包装品单价$$
$$包装品回收价值 = 材料包装费 \times 包装品回收率 \times 包装品残值率$$

2. 材料入库前发生的各种附带费用。

(1) 运杂费。包括运输费、装卸费、包装费、保险费等。

(2) 运输途中的合理损耗。指企业与供货部门或运输部门所签订的合同中规定的合理损耗或必要的自然损耗。

(3) 入库前的挑选整理费用。主要包括挑选整理过程中发生的人工费用的支出和必要的损耗，减去回收的下脚料、边角料、废料的价值后的金额。

外购材料的费用还包括购入材料应负担的税金（不包括增值税）和其他费用，如进口关税、进口消费税和大宗材料的市内运费等。

对于买价可直接计入各种材料的采购费用；对于各种附带费用，凡能分清归属的，可直接计入各种材料的采购费用，不能分清的，可根据各种材料的特点，采用一定的分配方法，分配计入各种材料采购费用。其分配方法通常按材料的重量、体积、买价等分配。

（三）包装机械设备费用

包装机械设备费用包括机械的折旧费、维修费。

折旧是指包装机械设备由于在使用过程中的损耗而定期逐渐转移到包装中的那一部分价值。影响折旧的主要因素有包装机械设备的原值、折旧期限、净残值和计提折旧的起止时间。计提折旧的主要方法有：平均年限法、工作量法、双倍余额递减法和年数总和法。企业一旦选择某种折旧方法，就不能随意改变。包装机械设备的维修费是包装机械发生部分损坏而进行修理时支出的费用，分为中小修理和大修理。中小修理的费用直接计入当期费用，大修理的费用由于其支出额较大，可以分期计入包装费用。

（四）包装技术费用

1. 包装技术设计费用。包装技术设计费用是指在包装技术的设计过程中所发生的与设计包装技术有关的一切费用，主要包括设计人员的工资、设计过程中领用的材料或产品以及各种现金支出。

（1）设计人员的工资。这包括设计人员的标准工资、奖金、津贴、补贴、加班加点工资及特殊情况下支付的工资。设计人员的工资，应根据其考勤记录和个人工资标准计算。计算公式为：

$$应付月工资 = 月标准工资 + 各种补贴 + 加班加点工资 + 各种奖金 - \\ 事假或旷工日数 \times 平均日工资 - 病假日数 \times 平均日工资 \times \\ 病假应扣工资百分比 - 保险费 - 应缴个人所得税等$$

（2）设计中领用的材料或产品。设计人员在设计产品包装的过程中，经常需要经过反复试验。为试验领用的材料，其费用的计算与企业当期领用的材料（包装材料）费用计算方法相同；为试验领用的产品，其费用计算方法与企业产品费用计算方法相同。

（3）与设计有关的其他各种费用支出。与设计有关的其他各项费用支出均应以实际支出额为准。

当包装技术是通过购买专利等形式取得时，购买专利等的费用为包装技术购买费用。

2. 包装辅助费用。包装辅助费用主要是指为实施包装技术所需的辅助包装而产生的费用。包装辅助费用主要包括包装标记、标志及标识、拴挂物的费用、一些低值易耗品、燃料、动力等支出。

【任务实施】

参看［任务导入］案例中涉及的包装费用有包装材料费用、包装人工费用、折旧费及其他包装费用，因此：

$$包装费用 = 包装材料费用 + 包装人工费用 + 折旧费 + 其他包装费用 \\ = 600 + 1\,500 + [20\,000 \times (1 - 4\%) \times 10\%] + 500 \\ = 600 + 1\,500 + 1\,920 + 500 \\ = 4\,520\,（元）$$

单位产品包装费用 = 4 520/30 ≈ 151（元/箱）

因为企业利润率为10%，所以，

包装报价为 151 + 151 × 10% = 166.1（元/箱）

【知识拓展】

常用包装材料的成本估算方法

（1）纸类：按单位面积包装的产品个数来计算。例如拷贝纸的规格一般为105厘米×75厘米价格为0.12元/张，如果一张纸能包装5个产品，则每PC产品所需纸的包装成本为0.024元。

（2）气泡纸：一般按重量计算，即包装1PC产品所需的气泡纸的重量×市场价。

（3）保力绒：

① 手工做成所需形状或尺寸的计算方法：长（米）×宽（米）×高（米）×350～450元，不同地区有不同的系数，如泉州一般按350元计算，黄岩一般按450元计算。

② 开模具的保力绒计算方法：模具费 + 保力绒克重×0.017元/克，0.017元/克为价格系数，随市场价格的变动会有一定的涨跌。

（4）海绵：一般1厘米厚度的海绵价格为3.5元/平方米，根据包装产品所需海绵的厚度及平方数来算材料成本，其他厚度的海绵价格按比例计算，如2厘米厚的海绵价格大概为3.5×2 = 7.0（元/平方米）。

（5）塑料袋、OPP袋：价格 = 塑料袋的长（米）×宽（米）×2S×市场价，其中S为塑料袋的厚度，例如1个4丝厚塑料袋的尺寸为30厘米×25厘米，当时市场材料价为10 800元/吨，则塑料袋价格为 0.3×0.25×2×0.00004×10 800 = 0.065（元）。

（6）纸盒类：普通棕色内盒价格 =（长 + 宽 + 7）/100 ×（宽 + 高 + 4）/100 ×单位价格。其中长、宽、高单位为厘米。

（7）PVC盒或PVC桶，按重量计算成本，目前一般按0.025元/克计算。

（8）收缩膜：成本大概为长（米）×宽（米）×厚（米）×15 000元/吨。

任务二　包装费用结算

【知识目标】

1. 掌握汇兑结算方式。
2. 掌握银行汇票结算方式。
3. 掌握实际包装费用结算操作。

【能力目标】

1. 能够熟练使用汇兑、银行汇票银行转账结算方式。

2. 能够熟练掌握汇兑、银行汇票结算流程及实际操作。

【任务导入】

沿用模块四任务一中的任务实施资料，2011年12月18日，普利公司与万里物流签订了国内第三方物流外包业务合同。发生的包装费用沿用上一案例中的资料，假如你是万里物流的跟单员，请以跟单员应具备的职业能力，完成本物流公司中包装费用结算的工作。上一案例中发生的包装费用合计：4 520元，双方约定采用银行汇票的方式进行结算。

【任务分析】

一、汇兑结算方式

（一）汇兑结算的含义

1. 汇兑概述。汇兑结算，简称汇兑，是汇款人委托银行将其款项支付给收款人的结算方式。作为一种传统的结算方式，汇兑结算具有便于汇款人向收款人主动汇款、结算手续简便、结算方式灵活且没有金额起点限制等特点。单位和个人各种款项的结算，均可使用汇兑结算方式。

汇兑因汇款方式的不同可分为信汇和电汇两种，由汇款人选择使用。目前用得最多的是电汇。

2. 汇兑结算凭证的内容。汇款人委托银行办理汇兑结算，应向汇出银行填写信汇、电汇凭证。签发汇兑凭证时，必须记载以下必要事项。

（1）表明"信汇"或"电汇"的字样；
（2）无条件支付的委托；
（3）确定的金额；
（4）收款人名称；
（5）汇款人名称；
（6）汇入地点、汇入行名称；
（7）汇出地点、汇出行名称；
（8）委托日期；
（9）汇款人签章。

汇兑结算凭证上欠缺上列记载事项之一的，银行不予受理。

信汇和电汇样式如图4-1和图4-2所示。

信汇

中国建设银行信汇凭证（回单） 1

		委托日期　年　月　日		第　号	

付款人	全　称		收款人	全　称	
	账　号或住址			账　号或住址	
	汇出地点	省　市（县）	汇出行名称		汇入地点	省　市（县）	汇入行名称	

人民币（大写）		千	百	十	万	千	百	十	元	角	分

汇款用途	
上列款项已根据委托办理，如需查询，当来行面洽。 　　　　　　汇出行盖章 　　　　　　　　年　月　日	复核　　　　记账

此联汇出行给汇款人的回单

图 4-1　信汇凭证

电汇

中国建设银行电汇凭证（回单） 1

		委托日期　年　月　日		第　号	

付款人	全　称		收款人	全　称	
	账　号或住址			账　号或住址	
	汇出地点	省　市（县）	汇出行名称		汇入地点	省　市（县）	汇入行名称	

人民币（大写）		千	百	十	万	千	百	十	元	角	分

汇款用途	
上列款项已根据委托办理，如需查询，当来行面洽。 　　　　　　汇出行盖章 　　　　　　　　年　月　日	复核　　　　记账

此联汇出行给汇款人的回单

图 4-2　电汇凭证

（二）汇兑结算的业务流程

汇总结算的业务流程如图 4-3 所示。

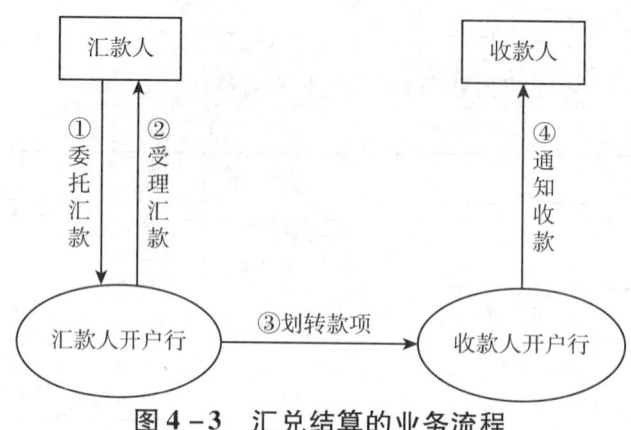

图 4-3 汇兑结算的业务流程

（1）汇款人委托其开户行汇款；
（2）汇款人开户行审核后受理汇款；
（3）汇款人开户行将款项划转给收款人开户行；
（4）收款人开户行将款项打到收款人的账户中并通知收款人。

（三）相关规定

（1）汇款人委托银行办理汇兑时，应填写信汇或电汇凭证，详细填明汇入地点、汇入银行名称、收款人姓名或收款单位名称，汇款用途等项内容。

（2）汇入银行对开立存款账户的收款人，应将汇给其的款项直接转入收款人账户，并向其发出收账通知。

（3）未在银行开立存款账户的收款人，凭信汇、电汇的取款通知或"留行待取"的，向汇入银行支取款项，必须交验本人的身份证件，在信、电汇凭证上注明证件名称、号码及发证机关，并在"收款人签盖章"处签章；信汇凭签章支取的，收款人的签章必须与预留信汇凭证上的签章相符。

（四）退汇

1. 退汇的含义。汇出行已经汇出，但汇入行尚未将汇款解付给收款人时，这笔汇款可以在汇款人申请或汇入行的要求下退回给汇款人，即为退汇。

2. 退汇的两种情况。

（1）汇款人申请退汇。汇款人对汇出银行已经汇出的款项可以申请退汇。只有汇款人与收款人达成退款协议，或经汇入银行核实汇款确未支付出，才可以办理退汇。办理退汇流程如下：第一，汇款人向汇出行申请办理退汇；第二，汇出行受理退汇申请；第三，汇出行将退汇通知书交给汇入行；第四，汇入行办理退汇；第五，汇入行将汇款退回给汇出行；第六，汇款人将款项打入原汇款人账户。

（2）汇入行主动退汇。当汇入行无法将款项寄给收款人时，汇入行可以主动退汇。主要表现在：①收款人拒绝接收汇款；②汇入行向收款人发出取款通知，因某些原因，收款人在2个月内或规定的期限内不来取款。这时的退汇手续较为简单。首先，汇入行办理退汇，将款项寄给汇行；其次，汇出行将款项入账原汇款人的账户并通知入账。

二、银行汇票银行转账结算方式

（一）银行汇票的概念

银行汇票是出票银行签发的，由其在见票时按照实际结算金额无条件支付给收款人或者持票人的票据。

（二）银行汇票的内容

1. 绝对必要的记载项目：缺一不可。

（1）表明“汇票”的字样；

（2）无条件支付的命令或委托；

（3）确定的金额；

（4）付款人名称；

（5）收款人名称；

（6）出票日期；

（7）出票人签章。

2. 相对必要的记载项目：十分重要。

（1）出票地点；

（2）付款地点；

（3）付款期限。

银行汇票样式如图 4－4 所示。

中国工商银行　（多余款）　江　BA　00174061

银 行 汇 票 4　收账通知　西　01

日期（大写）：　年　月　日　代理付款行：　行号：

收款人：		账号：									
出票金额	人民币（大写）										
实际结算金额	人民币（大写）	千	百	十	万	千	百	十	元	角	分

申请人：＿＿＿＿＿＿＿＿　账号或住址：＿＿＿＿＿＿＿＿

左列退回多余金额已收入你账户内

证券印刷厂2000年印刷

此联出票行结清多余款交申请人

出票行：＿＿＿＿行　号：＿＿＿

备注：＿＿＿＿＿＿＿＿

多余金额									
千	百	十	万	千	百	十	元	角	分

出票行盖章　　财务主管　复核　经办

图 4－4　银行汇票

(三) 结算流程

银行汇票结算的业务流程（见图4-5）。

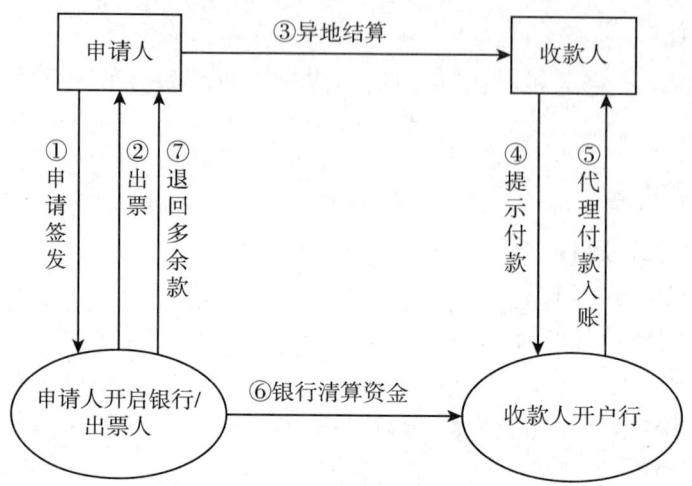

图4-5　银行汇票结算的业务流程

(1) 申请人向开户银行申请签发银行汇票；
(2) 开户银行审核后签发银行汇票；
(3) 申请人持银行汇票前往异地结算；
(4) 收款人提示其开户银行付款；
(5) 收款人开户行代理付款入账；
(6) 银行间资料金清算；
(7) 结清汇票票款，退回多余款项。

(四) 相关规定

银行汇票结算的相关规定。

(1) 银行汇票适用于单位或个人异地款项的结算。
(2) 银行汇票可以用于转账，填明"现金"字样的银行汇票也可以用于支取现金。

> **小知识**
>
> 只有申请人或者收款人为个人时，才能签发带有"现金"字样的银行汇票。

(3) 签发银行汇票必须记载：表明"银行汇票"的字样、无条件支付的承诺、出票金额、付款人名称、收款人名称、出票日期、出票人签章。
(4) 银行汇票的提示付款期限自出票日起1个月，持票人超过付款期限提示付款的，代理付款银行不予受理。
(5) 银行汇票结算有金额起点的限制，低于500元的款项银行将不予办理银行汇票结算。

(6) 银行汇票的实际结算金额低于出票金额的，其多余金额由出票银行退交给申请人。

【任务实施】

在以上理论基础及技能掌握的基础上，协助跟单员一起来完成万里物流和普利公司包装费用的结算，下面就双方约定的方式进行结算。

双方开户行及账号如下：

广东万里物流有限公司

开户银行：中国农业银行广东分行，账号：103456234787654××××

普利信息科技有限公司

开户银行：中国农业银行北京分行，账号：102356534788634××××

沿用模块四任务二中的任务导入资料：双方约定以银行汇票结算方式结算包装费用4 520元。

具体操作流程：

一、向开户银行申请签发银行汇票

申请人或汇款人首先需要向开户行申请签发银行汇票。办理银行汇票结算时，申请人还必须填制"银行汇票申请书"一式三联，填写内容必须全面，同时将所汇款金额交由开户行。但是不是所有的商业银行可以办理银行汇票的结算，必须是参加了"全国联行往来"的商业银行机构才能办理。如果企业需要使用银行汇票，而其开户行又不能签发时，企业应到附近能够签发银行汇票的银行去办理，但是款项也要交到该银行。

本任务中，普利公司作为汇款人，需要向其开户行申请使用银行汇票（普利公司开户行是参加"全国联行往来"的商业银行），申请过程中，普利公司需要填写"银行汇票申请书"一式三联，然后交存款项4 719元或者多余4 719元。假设普利公司申请银行汇票时交存款项5 000元。

> **小知识**
>
> 一式三联的银行汇票申请书：
>
> 第一联：存根，申请人或汇款人留存，作为记账依据；
>
> 第二联：借方凭证/支款凭证，出票行留存，作为支款凭证；
>
> 第三联：贷方凭证/收入凭证，出票行留存，作为收入凭证。

二、开户银行签发银行汇票

开户行要对"银行汇票申请书"进行仔细、全面审核后才能签发银行汇票。开户行审核的内容包括要素填写是否全面规范、签章是否符合要求、申请人现金是否交存等。签发的"银行汇票"共一式四联，七大必要事项记载全面。

本任务中，普利公司开户行首先要对普利公司填写的"银行汇票申请书"进行检查，检查没有问题后，将会签发一式四联的"银行汇票"。对汇票填写的内容进行审核后，普利公司开户行会将第一联加盖经办、复核名章后连同第四联一并保管，然后交给普利公司第二、第三联。

 小知识

一式四联的银行汇票：
第一联：卡片，由签发行结清银行汇票时作为汇出款付出传票；
第二联：银行汇票（正联）；
第三联：解讫通知，兑付行兑付后随报单寄签发行，由签发行作为余款收入传票；
第四联：多余款项通知，签发行结清票款后交汇款人。

三、持银行汇票前往异地结算

开户行签发银行汇票后交给汇款人的是银行汇票的第二联正联和第三联解讫通知联，由汇款人前往异地办理结算。

本任务中，普利公司会持有第二、第三联银行汇票前往万里物流办理结算。这个过程中，普利公司会将银行汇票交给票面上记载的收款人万里物流。万里物流收到银行汇票时必须审核汇票是否规范和真实。一方面，要审核该银行汇票上的收款人是否为万里物流；另一方面，还要审核普利公司和其开户行是否符合规定，不得更改的事项是否有被更改，其他金额、签章等填写是否规范。

四、收款人提示开户银行付款

银行汇票正联和解讫通知审核无误，且在有效期内，收款人就可以提示其开户行付款了。

本任务中，万里物流有限公司由于为普利信息技术有限公司提供了产品的收货、仓储及出货服务，才有货款的结算。所以，在向其开户行中国农业银行广东分行提示付款的过程中，广东万里物流有限公司还需要填写一式三联的"进账单"，其中第一联留存，第二、第三联连同银行汇票第二、第三联交由其开户行中国农业银行广东分行提示付款。

五、代理付款行付款入账

开户行收到银行汇票第二、第三联和进账单第二、第三联后，审核无误，代理付款。

本任务中，中国农业银行广东分行收到银行汇票第二联正联、第三联解讫通知联和两联进账单后，要认真审核汇票的真实性和规范性。审核的内容包括汇票的记载事项是否全面、汇票的联次是否正确、该汇票是否超过付款式期限、结算的金额是否超过 4 520 元、大写出票日期和金额是否正确等。审核无误，中国农业银行广东分行办理转账，将交易款项 4 520 元记到万里物流账户。同时，将第三联进账单加盖单后交给万里物流，第三联银行汇票解讫联加盖章后寄给普利公司开户行。

六、银行间资金清算

出票行（申请人开户行）与收款人开户行之间进行银行汇票实际资金的清算。

本任务中，普利公司开户行收到银行汇票解讫联加盖章后，与本行保管的银行汇票第一、第四联核对，两者完全一致，普利公司开户行结算汇票款项。但是，汇票金额为5 000元，实际结算金额为4 520元。普利公司开户行应将实际发生的款项4 520元转账给万里物流开户行中国农业银行广东分行。

七、多余款项退回

结算金额小于汇票金额时，即汇票有剩余款项，出票行要将款项退回给申请人。

本任务中，普利公司与万里物流发生劳务交易款项为4 520元，而申请的银行汇票金额为5 000元，即汇票有剩余款项。此时，双方银行之间已经结算完毕，多余款项281元应由普利公司开户行退回给普利公司。

【知识拓展】

一、包装费用项目

在物流过程中，几乎大多数商品都必须经过一定的包装。对于物流企业来说，其包装费用一般由包装材料费用、包装机械费用、包装技术费用、包装人工费用及其他辅助费用构成。在具体会计核算中，需设置"主营业务成本——包装支出"账户，并在"主营业务成本——包装支出"下面按照包装对象设置三级明细账，在三级明细账中还需按成本项目设置专栏进行核算。包装业务的成本项目可以简单地分为直接费用和间接费用，具体内容如下：

1. 直接费用。直接费用是指与包装直接相关的各项支出，包含如下内容：

（1）直接人工。直接人工是指支付给包装工人的计件工资、加班工资、标准工资、工资性津贴和补贴、奖金等各种薪酬。根据当期"薪酬结算汇总表"来作账务处理。

（2）材料费用。材料费用是指包装机械在运行和操作过程中所耗用的主要材料、辅助材料、配件及周转材料的摊销等。

（3）修理费用。修理费用是指对包装机械、包装工具、包装车间等各种包装资产进行各级维护和保养中所产生的人工、材料费用。对此项目的核算与前述的有关修理费的核算是相同的。

（4）折旧费。折旧费是指物流企业仓储活动中涉及的各类仓储设备按规定计提的折旧费。

（5）低值易耗品摊销费。低值易耗品摊销费是指包装作业中所领用的低值易耗品，如各种包装工具的摊销额。

（6）设计费。设计费是指为包装物采取保护措施而发生的包装设计费用。

（7）材料费用。材料费用是指因仓储、保管货物所消耗的各种材料。

(8) 其他直接费用。其他直接费用是指在包装过程中所产生的不属于上述项目的直接费用。

2. 间接费用。间接费用是指不能直接计入各包装成本核算对象的费用，需要进行分配后才能转入包装成本的，如包装车间的办公室、差旅费、管理人员的各种薪酬、水电费等。

3. 包装成本费用的核算。

(1) 包装业务的成本计算对象。包装过程中所发生的费用是由于包装货物所引起的，因此为了正确地核算包装的成本，应该以包装的货物的种类作为成本计算对象。

(2) 包装业务的成本计算单位。包装业务的成本计算单位应以包装货物数量的计量单位为依据。

(3) 包装业务的成本计算期。包装业务的成本计算期通常以"月"为单位，同时按月、季、半年和年计算业务的累计成本。

二、包装费用的核算

（一）直接费用的核算

包装业务发生的直接费用，应根据"薪酬结算汇总表"、"材料耗用汇总表"、"固定资产折旧费用计算表"以及各种原始发票、单据等原始凭证，属于直接费用项目的直接列入各包装成本计算对象的成本。发生费用时，借记"主营业务成本——包装支出——甲产品或乙产品"等明细账中，贷记"应付职工薪酬"、"原材料"、"累计折旧"、"银行存款"等相对应的账户。物流企业在包装业务中发生的营运间接费用，应在发生时借记"主营业务成本——包装支出——营运间接费用"账户或"营运间接费用——包装部"，贷记相互对应关系的账户。

【例4-1】上海JJ物流公司2011年12月甲产品领用材料费为2 600元，人工费用为1 500元，折旧费为1 920元。请编制相应的会计分录。

借：主营业务成本——包装支出——甲产品　　　　　　　　2 600
　　贷：原材料　　　　　　　　　　　　　　　　　　　　　　　　2 600
借：主营业务成本——包装支出——甲产品　　　　　　　　1 500
　　贷：应付职工薪酬　　　　　　　　　　　　　　　　　　　　　1 500
借：主营业务成本——包装支出——甲产品　　　　　　　　1 920
　　贷：累计折旧　　　　　　　　　　　　　　　　　　　　　　　1 920

（二）间接费用的核算

包装费用可能发生在不同的物流环节，也可能发生在不同的企业。根据我国现行会计制度和法规政策，物流企业必须根据《企业会计制度》的要求组织会计核算，对于发生于物流环节的包装费用应区分费用的性质和项目记入"销售费用"总分类账户及其相关的明细账户。"销售费用"账户，主要核算物流企业在进货过程中产生的运输费、装卸费、包装费、保险费、运输中的合理损耗和入库前的挑选整理费等。该账户借方登记物流企业进货过程中产生的运输费、装卸费、包装费、保险费、运输中的合理损耗和入库前的挑选整理费等，月度终了，将本期的营业费用全部从本账户的贷方转入"本年利润"账户。该账户可以根据物流企业业务不同的特点下设明细账户。

【例4-2】上海ST物流公司在对D类商品进行运输前进行分类包装和运输包装，领用包装材料2 000元，应支付包装人员工资费用1 500元，以现金支出其他包装费用500元。

作会计分录如下：

借：销售费用——包装费　　　　　　　　　　　　　　　　　　　4 000
　　贷：原材料　　　　　　　　　　　　　　　　　　　　　　　　2 000
　　　　应付职工薪酬　　　　　　　　　　　　　　　　　　　　　1 500
　　　　现金　　　　　　　　　　　　　　　　　　　　　　　　　　500

月末，上海ST物流公司对一台包装机械计提折旧，该包装机械原值20 000元，净残值率为4%，年折旧率为10%。

该机械每年应计提折旧额 = 20 000 × (1 − 4%)/10 = 1 920（元）

企业应作会计分录如下：

借：销售费用——包装费　　　　　　　　　　　　　　　　　　　1 920
　　贷：累计折旧　　　　　　　　　　　　　　　　　　　　　　　1 920

该月，上海ST物流公司为包装加工完成的商品，领用一次使用的包装箱30只，该包装箱每只单位成本为20元，共计600元。作会计分录如下：

借：销售费用——包装费　　　　　　　　　　　　　　　　　　　　600
　　贷：包装物　　　　　　　　　　　　　　　　　　　　　　　　　600

【思考与训练】

一、单选题

1. 物流企业一般不包括（　　）。
   A. 制造业物流企业　　　　　　　　B. 批发业物流企业
   C. 金融业企业　　　　　　　　　　D. 零售业物流企业
2. 包装机械设备费用包括（　　）。
   A. 折旧费　　　　B. 维修费　　　　C. 买价　　　　D. 人工费

二、多选题

1. 包装的功能主要表现在（　　）等方面。
   A. 保护商品　　　　B. 方便物流　　　　C. 促进销售　　　　D. 方便消费
2. 可以回收再利用的物资有（　　）。
   A. 含有放射性物质的工业废物　　　　B. 纸箱
   C. 金属　　　　　　　　　　　　　　D. 酒瓶

三、判断题

1. 单一的运输或单一的包装也能称为物流。　　　　　　　　　　（　　）
2. 包装的首要功能是方便运输。　　　　　　　　　　　　　　　（　　）

四、名词解释

包装费用

五、简答题

（1）影响包装费用的因素有哪些？
（2）简述包装费用的构成。
（3）银行汇票结算的基本流程怎样完成？
（4）什么是退汇？退汇包括哪几种情况？

六、技能训练题

1. 上海 ST 物流公司在对 B 类商品进行运输前进行分类包装和运输包装，领用包装材料 1 000 元，应支付包装人员工资费用 800 元，以现金支出其他包装费用 300 元。2011 年 12 月末，上海 JJ 物流公司对一台包装机械计提折旧，该包装机械原值 15 000 元，净残值率为 4%，年折旧率为 12%。该月，上海 ST 物流公司为包装加工完成的商品，领用一次使用的包装箱 50 只，该包装箱每只单位成本为 15 元，共计 750 元。

计算 B 类商品的包装费用。

2. 上海××物流有限公司为沈阳大东区沃尔玛分店提供彩电运输服务，运输费用为 30 000 元，沃尔玛公司收到彩电并验收入库后，向上海××物流有限公司支付 30 000 元运输费用。上海××物流有限公司要求沈阳沃尔玛以汇兑方式将这笔款项支付给其开户银行。你知道汇兑业务如何办理吗？如果有一方办理退汇业务又该如何完成？

模块五

配送费用

任务一　配送费用构成及计算

【知识目标】

1. 掌握配送的概念，理解配送在物流中的地位与作用。
2. 掌握物流企业的配送流程。
3. 理解配送费用的概念及影响因素。
4. 掌握配送费用的构成及计算。

【能力目标】

1. 能够独立画出物流企业的配送流程图。
2. 能够准确计算各项配送费用。

【任务导入】

2011年12月，广东万里物流公司接到普利公司配送业务邀标，该物流公司依据支付形态，按照功能及对象认真分析了其配送费用的组成，如表5-1、表5-2所示，除此之外，还有哪种计算方法？公司总的配送费用是575 000元，那么在对客户进行报价时，应该选择按距离，还是按重量对客户进行报价呢？

表5-1　　　　　　该物流企业配送费用计算（一）　　　　　　单位：元

支付形态功能			配送作业费				配送信息费	配送管理费	合计
			分拣费	运输费	流通加工费	配装费			
企业配送费	本企业支付的配送费	企业本身配送费	材料费	33 000		3 000			2 000	38 000
			人工费	29 000	59 000	19 000	49 000		19 000	175 000
			维护费	6 000	124 000	14 000	3 000		2 000	149 000

续表

支付形态功能			配送作业费				配送信息费	配送管理费	合计
			分拣费	运输费	流通加工费	配装费			
企业配送费	本企业支付的配送费	企业本身配送费	一般经费					11 000	14 000	25 000
			特别经费			10 000				10 000
			合计	68 000	183 000	46 000	52 000	11 000	39 000	399 000
		委托物流费		48 000	72 000				120 000
	本企业支付的配送费		68 000	231 000	118 000	52 000	11 000	39 000	519 000
	外企业支付的配送费			56 000					56 000
	企业配送费总计		68 000	287 000	118 000	52 000	11 000	39 000	575 000

表5-2　　　　　　　　　该物流企业配送费用计算（二）　　　　　　　　　单位：元

支付形态对象			营业所			客户			商品			合计
			A	B	小计	A	B	小计	A	B	小计	
企业配送费	本企业支付的配送费	企业本身配送费	材料费	…	…	500	…	…	36 000	…	…	1 500	38 000
			人工费	…	…	43 000	…	…	49 000	…	…	83 000	175 000
			维护费	…	…	47 000			20 000			82 000	149 000
			一般经费			8 000						17 000	25 000
			特别经费				…	…	10 000				10 000
			合计			98 500			115 000			183 500	399 000
		对外委托物流费		…	…	48 000	…	…	72 000				120 000
	本企业支付的配送费		…		146 500			187 000	…	…	183 500	519 000
	外企业支付的配送费		…	…	35 500				…	…	22 500	56 000
	企业配送费总计		…	…	182 000	…	…	187 000	…	…	206 000	575 000

【任务分析】

一、配送概述

（一）配送的概念

配送是物流企业重要的作业环节，根据国家标准《物流术语》GB/T18354—2001，配送

（distribution）是指在经济合理区域范围内，根据客户要求，对物品进行拣选、加工、包装、分割、组配等作业，并按时送达指定地点的物流活动。可从以下几个方面理解：

（1）配送提供的是物流服务，因此满足顾客对物流服务的需求是配送的前提。配送是从用户利益出发、按用户要求进行的一种活动。因此，在观念上必须明确"用户第一"、"质量第一"。

（2）配送是"配"与"送"的有机结合。配送是在全面配货基础上，完全按用户要求，包括种类、品种搭配、数量、时间等方面的要求所进行的运送，是配和送的有机结合形式。

（3）配送是在经济合理区域范围内的送货。配送是一种送货，但和一般送货有所区别：一般送货可以是一种偶然的行为，而配送却是一种固定的形态，甚至是一种有确定组织、确定渠道，有一套装备和管理力量、技术力量，有一套制度的体制形式。所以，配送是高水平的送货形式。

在商品由其生产地通过地区流通中心发送给用户的过程中，由生产地至配送中心之间的商品空间转移，称为"运输"，而从分配中心到用户之间的商品空间转移则称为"配送"。它们之间的具体区别如下：

（1）从运输性质方面讲，配送是支线运输、区域内运输、末端运输，而运输则属于干线运输。

（2）从运输对象方面讲，配送所运送的是多品种、少批量，而运输则是少品种、大批量。

（3）从运输工具方面讲，配送时所使用的是小型货车，一般不超过2吨的载重量，运输方式比较单一，而运输使用的是大型货车或铁路运输、水路运输等的重吨位运输工具。

（4）从管理重点方面讲，配送始终以服务优先，而运输则更注重效率，以效率优先。

（5）从功能方面讲，配送不是单纯地进行货物运输和输送；在向客户送货之前要进行货物存储、包装、加工、分拣、配货，因此配送几乎包括了所有的物流活动要素，是物流的一个缩影或在某一范围内物流活动的集中表现，比单纯的运输附加的功能要多。

小知识

配送中心的概念

中华人民共和国国家标准物流术语中规定，从事配送业务的物流场所和组织，应符合下列条件：

（1）主要为特定的用户服务；

（2）配送功能健全；

（3）完善的信息网络；

（4）辐射范围小；

（5）多品种，小批量；

（6）以配送为主，储存为辅。

（二）配送在物流中的地位与作用

1. 简化事务，方便用户，提高了物流服务水平。配送能够按时按量、品种配套齐全地

送货上门。一方面使用户免除了出差采购运输进货等劳役之苦，简化了手续，方便了用户，节省了成本，提高了效率；另一方面保障了物资供应，保障了企业生产和流通的正常进行，满足了人们生产生活的物资需要和服务享受。

2. 完善了运输和整个物流系统。配送环节的灵活性、适应性、服务性都比较强，可以在一定范围内，将干线、支线运输与仓储等环节统一起来，使干线输送过程及功能体系得以优化和完善，形成一个大范围物流与局部范围配送相结合的、完善的物流配送体系。

3. 配送使仓储的职能发生变化。开展配送业务后，仓储的功能已由储存、保管向着集散、分拣、送货的方向发展。仓储业的经营活动也随之由原来的储备型转变为流通型。不仅要保证商品的使用价值完好无损，而且要做到货源充足，品种齐全，供应及时，送货上门，其经营方式将从被动等客上门向主动了解用户的需求状况，以满足用户的各种要求的方向转变。

4. 配送促进物流设施和装备的技术进步。配送促进物流设施和装备的技术进步，具体表现在三个方面：一是促进信息处理技术的进步；二是促进物流处理技术的进步，从而提高物流速度，缩短物流时间，降低物流成本，减少物流损耗，提高物流服务质量；三是推动物流规划技术的开发与应用。

5. 促进物流的社会化、合理化。从组织形态上看，它是以集中、完善的送货取代分散、单一性的取货。从资源配置上看，则是以专业组织的集中库存代替社会上的零散库存，衔接了产需关系，打破了流通分割和封锁的格局，很好地满足了社会化大生产的发展需要，促进了物流社会化和合理化。

6. 提高物流的经济效益。共同配送能够消除迂回运输、重复运输、交叉运输、空载运输等不合理运输；集中库存，可以利用有限仓库，使有限库存为更大范围更多客户所利用，还可以使仓储与配送环节建立和运用规模经济优势，使单位存货和管理的总成本下降；集中配送，将各种商品配齐集中起来向用户发货和将多个用户小批量商品集中在一起进行发货等方式，以提高末端物流的经济效益。因此，配送对提高物流综合经济效益很有利。

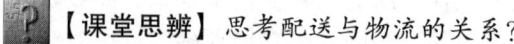【课堂思辨】思考配送与物流的关系？

二、物流企业的配送作业流程

（一）备货

备货是配送的准备工作或基础工作，包括筹集货源、订货或购货、集货、进货以及有关验货、交接、结算等。配送的优势之一，就是可以集中不同客户的需求统一备货，从而在一定程度上取得规模效益，降低进货成本。

（二）储存

配送中的储存有储备和暂存两种形式。配送储备区存放的是等候出库、需求时再出货的商品，是为了保证配送稳定性的周转储备和风险储备，一般数量较大，储备结构也较完善；而对于不经储存直接出库的商品来说，管理人员需按照出货需求将商品送往指定的出货地点或暂时存放地点。暂存是配送时按分拣配货要求，在理货场地的少量备货。

(三) 补货及拣货

为了满足顾客对商品不同种类、不同规格、不同数量的需求，企业必须有效分拣货物，并计划出货。统计客户订单即可知道商品真正的需求量。在出库日，当库存数满足出货需求量时，即可根据需求数量打印出库存拣货单及各项拣货指示，进行拣货区域的规划布置、工具选用及人员调派。出货拣取不只包括拣取作业，还需补充拣货架上的商品，使拣货不至于缺货，这包括补货量及补货时间的制定、补货作业调度、补货作业人员调派。拣货时的拣选方式有以下两种可供选择。

1. 摘果式拣选。对于每张订单，拣选人员或拣选工具在各个存储点将所需物品取出，完成货物分配。该方法作业前置时间短，针对紧急需求可以快速拣选，容易操作，对机械化、自动化无严格要求，作业责任明确，分工容易、公平。但是，当订单数量、商品品项较多，拣选区域较大时，该拣选方式耗费时间长，效率低，搬运强度大。鉴于该方法的特点适合于配送中心初期阶段，可采用这一拣选方式作为过渡性办法。

2. 播种式拣选。把每批订单上的相同商品各自累加起来，从存储仓位上取出，集中到理货现场，然后将每一门店所需的数量取出，分放到要货单位商品运货处，直至配货完毕。

3. 分区拣选。将拣选作业场地划分成若干区域，每名作业员负责拣选固定区域内的商品。无论是摘果式拣选还是播种式拣选，配合分区原则可以提高工作的效率。

(四) 配装

1. 分货。采用人工分货方式处理，在完成货物拣选之后，将所拣选的商品根据不同的客户或配送路线进行分类，对其中需要进行包装的商品，拣选集中后，先按包装分类处理，再按送货要求分类出货。

2. 配装。在单个客户配送数量不能达到车辆的有效运载负荷时，就存在如何集中不同客户的配送货物，进行搭配装载以充分利用运能、运力的问题，这就需要配装。配装是按照车辆有效负荷进行搭配装载。对于不同客户和不同的货物，按照送达的时间、地点、线路进行合理配装，可以提高车辆的载货效率和运输效率，从而提高送货水平，降低送货成本。所以，配装也是配送系统中有现代特点的功能要素，也是现代配送不同于以往送货的重要区别之一。

(五) 配送

配送作业包括商品装车并进行实际配送，完成这些作业需要事先规划配送区域，安排配送路线，由配送路线选用的先后次序来决定商品装车顺序，并在商品配送途中进行商品跟踪、控制及配送途中意外状况的处理。

1. 配送运输。运输中的末端运输、支线运输和一般运输形态的主要区别在于：配送运输是较短距离、较小规模、额度较高的运输形式，一般使用汽车做运输工具。与干线运输的另一个区别是，配送运输的路线选择问题是一般干线运输所没有的，干线运输的干线是唯一的运输线，而配送运输由于配送客户多，一般城市交通路线又较复杂，如何组合成最佳路线，如何使配装和路线有效搭配等是配送运输的特点，也是难度较大的工作。

2. 送达服务。将配好的货运输到客户还不算配送工作结束，这是因为送达的货和客户接货往往还会出现不协调，使配送前功尽弃。因此，要圆满地实现运到之货的移交，并有效地、方便地办理相关手续并完成结算，还应讲究卸货地点、卸货方式等。送达服务也是配送独具的特殊性。

众所周知，配送的主要活动是备货、储存、拣货、配装和配送作业。有的物流中心还要进行流通加工、贴标签和包装等作业。当有退货作业时，还要进行退货品种分类、保管和退回等作业。由于物流据点的不同，所采用的配送作业流程也不同。

【课堂思辨】燃料油、水泥及木材配送流程与上述流程有何不同？

三、配送费用概念及影响因素

（一）配送费用的概念

配送费用是指在配送活动的备货、储存、分拣及配货、配装、送货、送达服务，以及配送加工等环节所发生的各项费用的总和，是配送过程中所消耗的各种活劳动和物化劳动的货币表现。通俗地说，也就是为了将货物送达客户手中所发生的一切费用的总和。

（二）影响配送费用的因素

1. 配送时间。配送时间越长，占用配送中心的时间越久，耗用配送中心的固定成本越多。而这种成本往往表现为机会成本，使得配送中心不能提供其他配送服务获得收入或者在其他配送服务上增加成本。

2. 配送距离。运输费用是配送费用的主要内容，而距离则是影响运输费用的主要因素。距离越远，也就意味着运输费用越高，同时造成运输设备增加、送货人员增加等。配送距离越远，配送费用就越低。

3. 配送货物自身因素。

（1）配送货物的密度。配送货物的密度越大，相同运输单位所装的货物越多，运输费用就越低；同样，配送中心一定空间领域存放的货物也就越多，库存成本也会降低。

（2）配送货物的单位价值。一般来说，货物的单位价值越高，配送成本就越高。原因在于配送货物的价值越大，相对于单位价值小的货物，对其所需要的配送运输、分拣、配装、流通加工各方面的要求都高，从而所花费的配送费用也会增加。

（3）配送货物的易腐性、易碎性。如果配送货物属于易腐性、易碎性商品，则对配送的条件和时间具有非常高的要求，那么配送费用就越高。

（4）配送工具及使用的因素。不同的配送工具，运输能力大小不同，其成本高低也不同。另外，配送工具的装卸率也影响了配送费用的高低。

四、配送费用的构成及计算

（一）按配送费用支付形态

1. 材料费。材料费指因物料消耗而发生的费用。由物资材料费、燃料费、消耗性工具、低值易耗品摊销及其他物料消耗费组成。

直接材料费可以根据进出库记录提出某一时期用于配送活动中的消耗量，再乘以材料的购进单价得出。材料的消耗量可以按配送费用计算期末统计的材料支出数量计算，这就需要出入库账目是以物流为主进行记录的，如果企业使用 ERP 系统，则可以根据计算机数据即时得出。

当难以实际通过材料支出单据进行统计时，可采用盘存计算法，即：

$$本期消耗量 = 期初结余 + 本期购进 - 期末结余$$

2. 人工费。人工费指因人力劳务的消耗而发生的费用，包括工资、奖金、福利费、医药费、劳保费以及员工教育培训费和其他一切用于员工的费用。

在计算人工费的本期实际支付额时，报酬总额根据计算期内发给配送人员的工资、补贴、奖金等开支总额或按整个企业员工的平均工资额等费用进行计算。

员工劳保费、按规定提取的福利基金及员工教育培训费等，都需要从企业这些费用项目的总额中把用于配送人员的费用部分抽取出来。

3. 维护费。维护费指土地、建筑物、机械设备、车辆和搬运工具等固定资产的使用、运转和维修保养所产生的费用，包括维修保养费、折旧费、房产税、土地及车船使用费、租赁费、保险费等。

维护费应根据本期实际发生额计算，对于经过多个期间统一支付的费用（如租赁费、保险费等），可按期间分摊计入本期相应的费用中。

4. 公益费。公益费指给公益事业所提供的公益服务支付的费用，包括水费、电费、煤气费、取暖费、绿化费和其他费用。

按理每一个配送要用到的相关设施都应该安装上计数表来直接计费，但作为一种简易方法，此部分费用也可以从整个企业的相关项目开支中按配送设施的面积和配送人员的比例计算得出。

5. 一般经费。一般经费是指差旅费、交通费、会议费、书报资料费、文具费、零星购进费、邮电费、城市建设税、能源税及其他税款，还包括物资及商品月费，物流事故处理及其他杂费等。

一般经费相当于财务会计中的一般管理费。其中，对于差旅费、会议费、书报资料费等使用人员和使用目的明确的费用，可直接计入配送费用。

6. 特别经费。特别经费指采用不同于财务会计的计算方法所计算出来的物流费用，包括按实际使用年限计算的折旧费和企业内利息等。

企业内利息的计算，可以对配送中使用的固定资产（土地、建筑物、机械、车辆等）以征收固定资产占用税时的评估价乘以企业内利息率计算；对存货（商品、包装材料等）以账面价值乘以企业内利息率计算。

7. 对外委托费。对外委托费指企业对外支付的包装费、运费、保管费、出入库装卸费、手续费等业务费用。

对外委托费可根据本期实际发生额进行计算。除此以外的间接委托的费用则按一定标准分摊到各功能的费用中。

8. 其他费用。其他费用在配送成本中还应包括向其他企业支付的费用。如商品购进，采用送货制时包含在购买价格中的运费和商品销售采用提货制时因客户自己取货而从销售价格中扣除的运费等。

本期发生购进时本企业支付给其他企业的配送费，可以物品重量或件数为基础，乘以费用估价计算。

（二）按配送功能划分

1. 配送运输费用。配送运输费用是指配送车辆在完成配送货物过程中发生的各种车辆费用和配送间接费用。

（1）运输车辆费用。运输车辆费用是指配送车辆从事配送生产所发生的各项费用，包括以下项目：

① 工资及职工福利费。工资是指支付给配送车辆司机及其助手的基本工资、附加工资及工资性津贴；职工福利费是指按规定的工资总数及规定比例计提的职工福利费。根据"工资分配汇总表"和"职工福利费计算表"中各车型分配的金额计入成本。

② 燃料费。燃料是指配送车辆运行所耗用燃料，如汽油、柴油等费用。根据"燃料发出凭证汇总表"中各车型耗用的燃料金额计入成本。配送车辆在本企业以外的油库加油，其领发数量不作为企业购入和发出处理的，应在发生时按照配送车辆领用数量和金额计入成本。

③ 轮胎费。轮胎是指配送车辆耗用的外胎、内胎、垫带的费用支出以及轮胎的翻新费用和修补费。轮胎外胎采用一次摊销法的，根据"轮胎发出凭证汇总表"中各车型领用的金额计入成本；采用按行驶公里提取法的，根据"轮胎摊提费计算表"中各车型应负担的摊提计入成本。发生轮胎翻新费时，根据付款凭证直接计入各车型成本或通过待摊费用分期摊销。内胎、垫带根据"材料发出凭证汇总表"中各车型成本领用金额计入成本。

④ 修理费。修理费是指配送车辆进行各级保养和修理所发生的工料费、修复旧件费用和行车耗用的机油费用，根据"辅助营运费用分配表"中分配各车型的金额计入成本。大修费是指配送车辆计提的大修理基金以及车辆大修竣工后调整的费用差异和车辆超、亏大修里程定额差异应调整增减的费用。

⑤ 折旧费。折旧费是指配送车辆按规定计提的折旧费。根据"固定资产折旧计算表"中按照车辆种类提取的折旧金额计入各分类成本。

⑥ 公路运输管理费。公路运输管理费是指按规定向运输管理部门缴纳的营运车辆管理费配送车辆应缴纳的运输管理费，应在月终计算成本时，编制"配送营运车辆应缴纳管理费计算表"，据此计入配送成本。

⑦ 车船使用税费。车船使用税费是指企业按规定向税务部门缴纳的营运车辆使用税。

⑧ 行车事故损失。行车事故损失是指配送车辆在配送过程中，因行车肇事所发生的事故损失。

⑨ 其他费用。其他费用是指不属于以上各项的车辆费用，如行车杂支、随车工具费、防滑链条费、中途故障救济费、司机和助手的劳动保护用品费、车辆清洗费、冬季预热费、由配送方负担的过路过桥费等。

（2）配送间接费用。配送间接费用是指配送运输管理部门为管理和组织配送运输生产所发生的各项管理费用和业务费用。包括配送运输管理部门管理人员的工资及福利费；配送运输部门为组织运输生产活动所发生的管理费用及业务费用,如取暖费、水电费、办公费、差旅费、保险费等。

配送运输费用计算表如表5-3所示。

表 5-3　　　　　　　　　　　　配送运输费用计算表

编制单位：　　　　　　　　　　　　　年　月　　　　　　　　　　　　单位：元

项　目	计算依据	配送车辆合计	配送营运车辆		
			5吨	10吨	…
一、车辆费用					
1. 工资及职工福利费					
2. 燃料费					
3. 轮胎费					
4. 修理费					
5. 折旧费					
6. 公路运输管理费及养路费					
7. 车船使用税					
8. 行车事故损失					
9. 其他费用开支					
二、配送运输间接费					
三、配送运输总成本					
四、周转量/千吨公里					
五、单位成本（元/千吨公里）					

2. 分拣费用。分拣费用是指分拣机械及工人在完成货物分拣过程中所发生的各种费用,包括分拣的直接费用和间接费用两种：

（1）分拣直接费用。分拣直接费用包括：

① 工资。工资是指按规定支付给分拣作业工人的标准工资、奖金、津贴等。

② 职工福利费。职工福利费是指按规定支付给分拣工人的按工资总额和提取标准计提的职工福利费。

③ 修理费。修理费是指分拣机械进行保养和修理所发生的费用。

④ 折旧费。折旧费是指分拣机械按规定计提的折旧费。

⑤ 其他费用。其他费用是指不属于以上各项的费用,如分拣工人的劳保用品费等。

（2）分拣间接费用。分拣间接费用是指配送分拣管理部门为管理和组织分拣生产,需要由分拣成本负担的各项管理费用和业务费用。

上述分拣直接费用和间接费用则构成了配送环节的分拣费用,其计算表如表5-4所示。

表 5-4　　　　　　　　　　　　配送分拣费用计算表

编制单位：　　　　　　　　　　　　年　月　　　　　　　　　　　　　　单位：元

项目	计算依据	合计	分拣品种			
			货物 A	货物 B	货物 C	……
一、分拣直接费用						
1. 工资						
2. 职工福利费						
3. 修理费						
4. 折旧费						
5. 其他						
二、分拣间接费用						
分拣总成本						

3. 配装费用。配装费用是指在完成配装货物过程中所发生的各种费用。包括直接费用和间接费用两种。

（1）配装直接费用。配装直接费用包括：

① 工资。工资是指按规定支付给配装作业工人的标准工资、奖金、津贴。

② 职工福利费。职工福利费是指按规定支付给配装工人的按工资总额和提取标准计提的职工福利费。

③ 材料费。材料费是指配装过程中消耗的各种材料，如包装纸、箱、塑料等。

④ 辅助材料费。辅助材料费是指配装过程中耗用的辅助材料，如标志、标签等。

⑤ 其他费用。其他费用是指不属于以上各项费用，如配装工人的劳保用品费等。

（2）配装间接费用。配装间接费用是指配装管理部门为管理和组织配装生产所发生的各项费用，由配装成本负担的各项管理费用和业务费用。

配装费用计算表如表 5-5 所示。

表 5-5　　　　　　　　　　　　配装费用计算表

编制单位：　　　　　　　　　　　　年　月　　　　　　　　　　　　　　单位：元

项目	计算依据	合计	装配品种			
			货物 A	货物 B	货物 C	……
一、装配直接费用						
1. 工资						
2. 职工福利费						
3. 材料费						
4. 辅助材料费						
5. 其他						
二、配装间接费用						
配装总成本						

4. 流通加工费用。流通加工费用主要有：

① 流通加工设备费用。在流通加工过程中，由于流通加工设备的使用而发生的实体损耗和价值转移。流通加工设备因流通加工形式不同而不同，如木材加工需要电锯，剪板加工需要剪板机等，购置这些设备所支出的费用，以流通加工费的形式转移到被加工的产品中去。

② 流通加工材料费用。在流通加工过程中，投入加工过程中的一些材料消耗的费用。

③ 流通加工劳务费用。在流通加工过程中，支付给从事加工活动的工人及有关人员的工资、奖金等费用。

④ 流通加工其他费用，除上述费用外，在流通加工中耗用的电力、燃料、油料以及管理费用等。

流通加工费计算表如表5-6所示。

表5-6 流通加工费用计算表

编制单位： 年 月 单位：元

项目	计算依据	合计	流通加工物品				
			货物A	货物B	货物C	货物D	……
流通加工设备费用							
流通加工材料费用							
流通加工劳务费用							
流通加工其他费用							
流通加工总成本							

【课堂思辨】配送加工=流通加工吗？为什么？

5. 配送信息费。配送信息费是指因处理和传输有关配送信息而产生的费用。

6. 配送管理费。配送管理费指进行配送计划、调整和控制所需要的费用，包括作业现场的管理费，也包括企业有关管理部门的管理费，适用于综合性物流部门进行配送费用控制。

【任务实施】

结合表5-1和表5-2，可按照对象及功能进行配送成本的分析，见表5-7。

表5-7 该物流企业配送费用计算

对象 \ 功能	配送作业费					配送信息费	配送管理费	合计
	保管费	分拣及配装费	装卸费	短途运输费	流通加工费			
营业所 A								
营业所 B								

续表

对象 \ 功能		保管费	分拣及配装费	装卸费	短途运输费	流通加工费	配送信息费	配送管理费	合计
	小计			17 000	147 000		3 000	13 000	180 000
客户	A								
	B								
	小计	120 000				70 000			190 000
商品	A								
	B								
	小计			35 000	140 000		4 000	26 000	205 000
合计		120 000		52 000	287 000	70 000	7 000	39 000	575 000

总配送费用为575 000元，建议加上15%的合理利润，按照距离来制定价格。

如果是同城配送，建议加上20%的合理利润，按照重量来报价。

当然，以上报价标准不是绝对的，可派人与普利公司当面进行详细的咨询，并做充分的市场调研，反复讨论以后再决定。

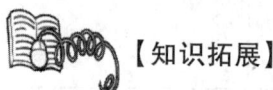【知识拓展】

零售业自建配送体系，网购家电有望"半日达"

2012年12月，苏宁电器成为继京东商城、凡客诚品、唯品会、1号店之后，又一个拿到快递牌照的电商企业。苏宁申请的快递经营范围为国内快递业务（邮政企业专营业务除外），经营区域包括：江苏省（南京市、苏州市、无锡市）、湖北省武汉市、内蒙古自治区呼和浩特市、北京市、云南省昆明市、广东省广州市、吉林省（吉林市、长春市）、黑龙江省哈尔滨市、上海市、天津市和陕西省西安市。

经营区域将进入"半日达"配送范围，也就是说，消费者上午下单，下午便可拿到商品，本地化物流快捷配送全面升级。此外，公司也会在部分地区、环节加强与其他企业的合作，为上下游供应商、其他物流企业、快递企业提供仓储配送服务，成为社会公共服务平台。

任务二 配送费用结算

【知识目标】

1. 掌握商业汇票结算方式。
2. 掌握配送费用实际结算操作。

【能力目标】

1. 能够熟练使用商业汇票银行转账结算方式。
2. 能够熟练掌握汇兑、商业汇票结算流程及实际操作。

【任务导入】

万里物流公司发生的物流费用沿用模块五任务一中任务实施资料,假如你是万里物流的跟单员,请以跟单员应具备的职业能力,完成本物流公司中配送费用结算的工作。上一案例中发生的配送费用为 575 000 元,双方约定采用汇兑的方式进行结算。

【任务分析】

一、商业汇票银行转账概述

商业汇票是出票人签发的,委托付款人在指定日期无条件支付确定的金额给收款人或者持票据人。按照承兑人的不同,商业汇票分为商业承兑汇票和银行承兑汇票。商业承兑汇票由银行和其他金融机构以外的付款人承兑;银行承兑汇票由银行承兑。承兑人为商业汇票的付款人。

 小知识

商业汇票的结算不适用于自然人,必须是在银行开立存款账户的法人以及其他组织之间,且必须具有真实的交易关系或债权债务关系才能使用。签发商业汇票,必须记载下列必要事项:
(1) 表明"商业承兑汇票"或"银行承兑汇票"的字样;
(2) 无条件支付的委托;
(3) 确定的金额;
(4) 付款人名称;
(5) 收款人名称;
(6) 出票日期;
(7) 出票人签章。

小知识

商业汇票中的几个期限:
(1) 付款期限:最长不得超过 1 个月;
(2) 提示付款期限:自汇票到期日起 10 日内;
(3) 提示承兑期:见票后定期付款的汇票,持票人应当自出票日起 1 个月内向付款人提示承兑。

1. 银行承兑汇票的概念及特点。银行承兑汇票是指由付款人(或承兑申请人)签发,并由付款人(或承兑申请人)向其开户银行申请承兑,经开户银行审查同意承担承兑责任的商业汇票。

银行承兑汇票

签发日期（大写）　　年　　月　　日　　　　汇票号码　第　号

出票人全称		收款人	全称	
出票人账号			账号	
付款行全称			开户行	

汇票金额	人民币（大写）	亿	千	百	十	万	千	百	十	元	角	分

汇票到期日（大写）		本汇票已经承兑，到期由本行付款	承兑协议	
本汇票请你行承兑，到期无条件付款　　　　　　　　　出票人签章　　年　月　日		承兑银行签章　　年　月　日	科目（借） 对方科目（借）	
		备注：	复核　　　　　记账	

图 5 - 1　银行承兑汇票

2. 商业承兑汇票的概念及特点。商业承兑汇票是指由付款人签发并承兑，或者由收款人签发交由付款承兑的商业汇票。

商业承兑汇票

签发日期（大写）　　年　　月　　日　　　　汇票号码　第　号

出票人全称		收款人	全称	
出票人账号			账号	
付款行全称			开户行	

出票金额	人民币（大写）	亿	千	百	十	万	千	百	十	元	角	分

汇票到期日		付款行	行号	
承兑协议			地址	
本汇票请你行承兑，到期无条件付款　　　　　　出票人签章		本汇票已经承兑，到期由本行付款 承兑银行 承兑日期　2010 年 11 月 7 日		
		备注：	复核　　　　　记账	

图 5 - 2　商业承兑汇票

二、汇票结算流程

1. 银行承兑汇票结算的业务流程（见图 5-3）。

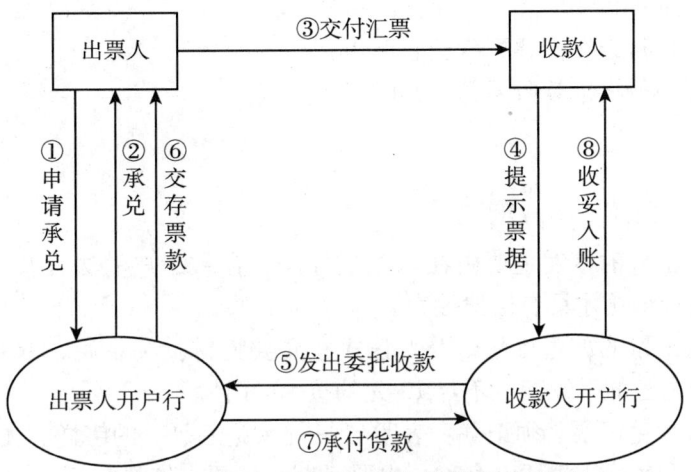

图 5-3　银行承兑汇票结算的业务流程

（1）出票人出票并向开户行申请承兑；
（2）出票人开户行审查后承兑；
（3）出票人持银行承兑汇票办理结算（交付汇票）；
（4）收款人向其开户行提示票据；
（5）收款人开户行向出票人开户行发出委托收款凭证；
（6）出票人交存票款至开户行；
（7）出票人开户行承付货款给收款人开户行；
（8）收款人开户行将款项收妥并通知收款人入账。

2. 商业承兑汇票结算的业务流程（见图 5-4）。

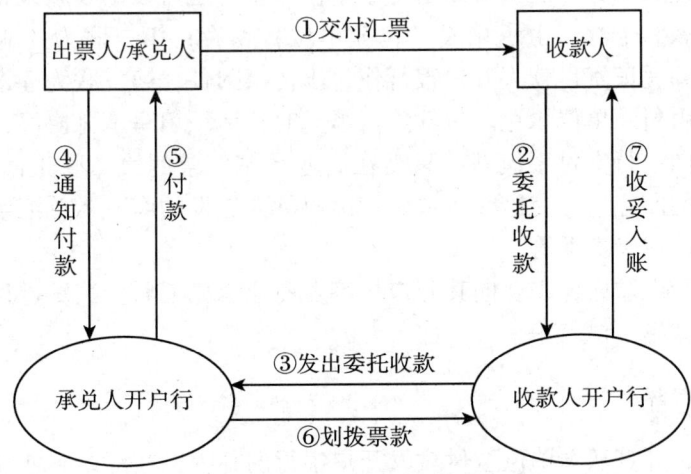

图 5-4　商业承兑汇票结算的业务流程

（1）出票人签发、承兑人承兑，并将承兑后的商业汇票交给收款人；
（2）收款人提示票据委托其开户银行收款；
（3）收款人开户行向承兑人开户行传送委托收款凭证；
（4）承兑人开户行通知承兑人付款；
（5）承兑人付款；
（6）承兑人开户行划拨汇票票款给收款人开户行；
（7）收款人开户行将票款收妥并通知收款人入账。

（三）相关规定

1. 银行承兑汇票结算的相关规定。

（1）银行承兑汇票的签发主要由在承兑银行开立存款账户的法人及其他组织完成，且汇票必须经过承兑行承兑才具有法律效力。

（2）银行承兑汇票的承兑行与出票人正式建立委托付款关系后，承兑行应按票面金额向出票人收取万分之五的手续费，不足10元的按10元计。

（3）签发银行承兑汇票必须记载：表明"银行承兑汇票"的字样、无条件支付的委托、确定的金额、付款人名称、收款人名称、出票日期、出票人签章。

（4）银行承兑汇票每张票面金额最高达1 000万元整（含1 000万元）。

2. 商业承兑汇票结算的相关规定。

（1）商业承兑汇票可以由付款人签发，也可以由收款人签发，最终交由付款人承兑。

（2）签发商业承兑汇票必须记载：表明"商业承兑汇票"的字样、无条件支付的委托、确定的金额、付款人名称、收款人名称、出票日期、出票人签章。

三、商业承兑汇票具体的操作流程

（一）签发汇票

商业承兑汇票按照双方协定，可以由付款单位签发，也可以由收款人签发。商业承兑汇票一式三联，第一联为卡片，由承兑人（付款单位）留存；第二联为商业承兑汇票，由收款人开户银行随结算凭证寄付款人开户银行作付出传票附件；第三联为存根联，由签发人存查。商业承兑汇票由付款单位承兑。付款单位承兑时，无须填写承兑协议，也不通过银行办理，因而也就无须向银行支付手续费，只需在商业承兑汇票的第二联正面签署"承兑"字样并加盖预留银行的印鉴后，交给收款单位。由收款人签发的商业承兑汇票，应先交付款单位承兑，再交收款单位专类保管。

本任务中，作为汇款人，需要向其开户行签发商业承兑汇票，签发过程中，付款人需要填写"商业承兑汇票"一式三联。

（二）委托银行收款

作为收款单位，计算从本单位至付款人开户银行的邮程，在汇票到期前，提前委托银行收款。委托银行收款时，应填写一式五联的"委托收款凭证"，其中"委托收款凭证名称"

栏内注明"商业承兑汇票"字样及汇票号码,在商业承兑汇票第二联背面加盖收款单位公章后,一并送交开户银行。开户银行审查后办理有关收款手续,并将盖章后的"委托收款凭证"第一联退回给收款单位保存。

(三) 到期兑付

商业承兑汇票到期,付款单位存款账户无款支付或不足支付时,付款单位开户银行将按规定按照商业承兑汇票的票面金额的5%收取罚金,不足50元的按50元收取,并通知付款单位送回委托收款凭证及所附商业承兑汇票。付款单位应在接到通知的次日起2天内将委托收款凭证第五联及商业承兑汇票第二联退回开户银行。付款单位开户银行收到付款单位退回的委托收款凭证和商业承兑汇票后,应在其收存的委托收款凭证第三联和第四联"转账原因"栏注明"无款支付"字样并加盖银行业务公章后,一并退回收款单位开户银行转交给收款单位,再由收款单位和付款单位自行协商票款的清偿问题。如果付款单位财务部门已将委托收款凭证第五联及商业承兑汇票第二联作了账务处理因而无法退回时,可以填制一式二联"应付款项证明单",将其第一联送付款单位开户银行,由其连同其他凭证一并退回收款单位开户银行再转交收款单位。

(四) 贴现

贴现的商业承兑汇票到期,由贴现银行向付款单位收取款项。如汇票到期而付款单位存款不足或无款支付时,按《支付结算办法》规定,银行将商业承兑汇票退回贴现申请人,并从贴现申请人(收款单位)账户收取已贴现票款,收款单位收到银行特种传票后,可立即向付款单位追索票款。如果申请贴现单位的银行存款余额不足,银行将作逾期贷款处理。因此,商业承兑汇票的申请贴现还存在着一个"或有负债"的问题,即申请贴现的企业负有一种潜在的、可能发生的债务。

(五) 遗失及注销

商业承兑汇票遗失或未使用办理注销,无须向银行办理注销手续,而由收付款单位双方自行联系处理。

四、银行承兑汇票具体的出票程序

(一) 交易双方签订交易合同

交易双方经过协商,签订商品交易合同,并在合同中注明采用银行承兑汇票进行结算。作为销货方,如果对方的商业信用不佳,或者对对方的信用状况不甚了解或信心不足,使用银行承兑汇票较为稳妥。因为银行承兑汇票由银行承兑,由银行信用作为保证,因而能保证及时地收回货款。

(二) 签发银行承兑汇票

付款方按照双方签订的合同的规定,签发银行承兑汇票。银行承兑汇票一式四联,第一联为卡片，由承兑银行支付票款时作付出传票；第二联由收款人开户行向承兑银行收取票款时作联行往来账付出传票；第三联为解讫通知联，由收款人开户银行收取票款时随报单寄给承兑行，承兑行作付出传票附件；第四联为存根联，由签发单位编制有关凭证。

备注：付款单位出纳员在填制银行承兑汇票时，应当逐项填写银行承兑汇票中签发日期，收款人和承兑申请人（即付款单位）的单位全称、账号、开户银行，汇票金额大、小写，汇票到期日，交易合同编号等内容，并在银行承兑汇票的第一联、第二联、第三联的"汇票签发人盖章"处加盖预留银行印鉴及负责人和经办人印章。

(三) 银行承兑汇票承兑

付款单位出纳员在填制完银行承兑汇票后，应将汇票的有关内容与交易合同进行核对，核对无误后填制"银行承兑协议"，并在"承兑申请人"处盖单位公章。银行承兑协议一式三联，其内容主要是汇票的基本内容，汇票经银行承兑后承兑申请人应遵守的基本条款等。

(四) 支付银行承兑汇票手续费

按照"银行承兑协议"的规定，付款单位办理承兑手续进向承兑银行支付手续费，由开户银行从付款单位存款户中扣收。按照现行规定，银行承兑手续费按银行承兑汇票的票面金额的万分之五计收，每笔手续费不足10元的，按10元计收。

(五) 寄交银行承兑汇票

付款单位按照交易合同规定，向供货方购货，将经过银行承兑后的汇票第二联、第三联寄交收款单位，以便收款单位到期收款或背书转让。

出纳员在寄交汇票时，应同时登记"应付票据备查簿"，逐项登记发出票据的种类（银行承兑汇票）、交易合同号、票据编号、签发日期、到期日期、收款单位及汇票金额等内容。

(六) 交存银行承兑汇票票款

按照银行承兑协议的规定，承兑申请人即付款人应于汇票到期前将票款足额地交存其开户银行（即承兑银行），以便承兑银行于汇票到期日将款项划拨给收款单位或贴现银行。付款单位财务部门应经常检查专类保管的银行承兑协议和"应付票据备查簿"，及时将应付票款足额交存银行。

(七) 委托银行收款

收款单位财务部门也应当经常检查专类保管的银行汇票或应收票据备查簿，看汇票是否到期。汇票到期日，收款单位应填制一式两联进账单，并在银行承兑汇票第二联、第三联背面加盖预留银行的印鉴，将汇票和进账单一并送交其开户银行，委托开户银行收款。开户银行按照规定对银行承兑汇票进行审查，审查无误后将第一联进账单加盖"转讫"章交收款单位作为收款通知，按规定办理汇票收款业务。

如果汇票到期，而承兑申请人无款支付或不足支付的，承兑银行将继续向收款单位开户银行划拨资金，同时按照承兑协议规定将不足支付的票款转入承兑申请人的逾期贷款账户，并对不足支付票款每天计收罚息。按照规定，承兑申请人无款支付时，承兑银行将开送一张特种转账传票，在传票的"转账原因"栏中注明"××汇票无款支付转入逾期贷款户"字样并加盖银行业务章；承兑申请单位不足支付时承兑银行将开来两张特种转账传票，在其中一张的"转账原因"栏中注明"××汇票因存款不足，未付部分转入逾期贷款户"，另一张的"转账原因"栏中注明"××汇票已支付部分款项"。

如果交易双方商定由收款单位签发银行承兑汇票，那么其基本步骤为：首先，由收款单位签发银行承兑汇票一至四联，然后第四联留存备查，将第一联、第二联、第三联寄交付款单位，再由付款单位向银行申请承兑，其他步骤与付款单位签发汇票的步骤相同。

【任务实施】

在以上理论基础及技能掌握的基础上，协助跟单员一起来完成万里物流配送费用的结算，下面就双方约定的方式进行结算。

双方公司名称、开户行及账号见上一模块。

沿用模块五任务二中的任务导入资料，双方约定以汇兑中的电汇结算方式结算包装费用575 000元。

具体操作流程如下：

一、汇款人委托银行办理电汇业务

本任务中计划采用汇兑方式结算，那么作为汇款人的普利公司首先需要向其开户行中国农业银行北京分行填制一式三联的电汇凭证，其中第一联作为普利公司的回单，第二联开户行留存，第三联作为银行办理电汇的凭证联。电汇凭证填写内容完全规范后，普利公司委托其开户行办理汇款。

二、汇款人开户行（汇出行）汇出汇款

本任务中，普利公司开户行需要对提交的电汇凭证认真审核，审核无误后为其委托方——普利公司通过电汇的方式办理汇款。接下来，主要的任务就是双方银行之间划转款项。

三、汇款人开户行（汇出行）汇出汇款

普利公司开户行受理委托后需要将款项汇给汇入行，即万里物流的开户行（中国农业银行广东分行）。但此过程中，普利公司开户行需要认真对凭证审查，如电汇凭证内容是否齐全，普利公司账户资金能否支付575 000元款项等。审核凭证无误后，普利公司开户行向普利公司收取一定的邮电费和手续费，即可以将款项划拨至万里物流开户行账户中。

四、收款人开户行（汇入行）汇入汇款

要完成本次汇款，万里物流开户行（中国农业银行广东分行）还需要将575 000元款项

直接入账到万里物流在本行的账户中，然后通知万里物流款项已经入账。

【知识拓展】

一、配送费用项目

根据配送的含义，我们可以这样定义配送成本：它是指物流企业在完成配送业务过程中所产生各项成本费用的总计，它是由分拣、仓储、加工、配货、运输等各处环节成本共同组成的。因此，配送业务的成本项目不可能是统一的，而是各环节各不相同。

在配送业务中配送运输环节应与运输业务的成本项目相同；货物保管与仓储环节应与仓储业务相同；配装环节应与装卸业务相同。在此主要阐述分拣及配货业务的成本费用项目。所谓分拣是指将货物按品种、出入库的先后顺序进行分门别类堆放的作业。配货是指使用各种拣选设备和传输装置，将存放的货物按客户的要求分拣出来，配备齐全，送入指定发货地点的作业。根据分拣及配货作业的流程，可以将分拣及配货业务的成本项目具体划分为直接费用和营运间接费用两个项目。

1. 直接费用。直接费用是指物流企业因配送业务的需要，对货物进行分拣及配货所发生的直接费用。

（1）直接人工。直接人工是指按规定支付给分拣及配货人员的各种薪酬。

（2）材料费用。材料费用是指因分拣、配货所消耗的各种材料费用。

（3）折旧费。折旧费是指物流企业分拣及配货活动中涉及的各类分拣设备按规定计提的折旧费。

（4）修理费用。修理费用是指为保证分拣设备正常使用而发生的各级维护和修理费用。其核算处理同运输业务相同。

（5）其他费用。其他费用是指除上述项目以外的分拣及配货的直接费用。

2. 营运间接费用。营运间接费用作为分拣及配货业务成本项目，是指物流企业在分拣与配货业务过程中所发生的不能直接记入分拣与配货的成本核算对象的各种间接费用，即为管理和组织分拣及配货业务所发生的管理费用和业务费用。

二、配送费用的归集和分配

（一）配送直接费用的归集

由于配送业务是由多环节协同完成的，发生的费用理应直接记入各环节的成本，但根据收入与费用配比原则，配送业务的成本必须单独核算，因此发生的各环节成本并不是直接记入"主营业务成本——运输支出或仓储支出或装卸支出"等二级明细账，而是在"主营业务成本"总账下也要设置一个"配送支出"的二级明细账，在配送支出的二级明细账下再按各环节设置三级明细账，如"主营业务成本——配送支出——运输费用"、"主营业务成本——配送支出——仓储费用"等来核算配送业务中各环节的成本费用。

配送业务发生的直接费用，应根据"薪酬结算汇总表"、"材料耗用汇总表"、"固定资产折旧费用计算表"以及各种原始发票、单据等原始凭证，属于直接费用项目的直接列入各环节的成本。发生费用时，借记"主营业务成本——配送支出——仓储费用"、"主营业务成本——配送支出——运输费用"、"主营业务成本——配送支出——装卸费用"、"主营业务成本——配送支出——分拣配货费用"、"主营业务成本——配送支出——装配费用"等明细账中，贷记"应付职工薪酬"、"原材料"、"累计折旧"、"银行存款"等相对应的账户。

【例 5-1】 物流公司配送过程中发生装卸费为 52 000 元，运输费用为 287 000 元，请编制相应的会计分录。

借：主营业务成本——配送支出——运输费用　　　　　　　　　　287 000
　　　　　　　　　　　　　　　——装卸费用　　　　　　　　　　 52 000
　　贷：银行存款　　　　　　　　　　　　　　　　　　　　　　　339 000

（二）营运间接费用的归集与分配

物流企业在配送业务中各环节发生的营运间接费用，应在发生时借记"营运间接费用——配送营运部"账户，贷记有相互对应关系的账户。期末再将归集的营运间接费用按仓储、运输、装卸、分拣配货、配装等业务直接费用的比例进行分配，分配方法和公式以及账务处理前述相同，这里不再举例。

【思考与训练】

一、单选题

1. 在经济合理区域范围内，根据用户要求，对物品进行拣选、加工、包装、分割、组配等作业，并按时送达指定地点的物流活动是指（　　）。
　A. 配送　　　　　　B. 运输　　　　　　C. 分拣　　　　　　D. 装卸搬运

2. 按订单或出库单的要求，从储存场所选出物品，并放置在指定地点的作业是（　　）。
　A. 分货　　　　　　B. 拣选　　　　　　C. 流通加工　　　　D. 保管

3. 在单个客户配送数量不能达到车辆的有效载运负荷时应进行（　　）。
　A. 集货　　　　　　B. 配货　　　　　　C. 配装　　　　　　D. 补货

4. 按客户的要求分拣并进行必要的组合和集装，并送入指定发货区的作业称为（　　）。
　A. 集货　　　　　　B. 配货　　　　　　C. 配装　　　　　　D. 分拣

5. （　　）作业是将货物从保管区域运至拣货区的工作。
　A. 理货　　　　　　B. 分拣　　　　　　C. 补货　　　　　　D. 配装

6. 将同一时间内出货的不同用户的货物组合在同一批次运输车辆进行运送称为（　　）。
　A. 集货　　　　　　B. 配货　　　　　　C. 配装　　　　　　D. 分类

7. 配送费用中的配装费用不包括（　　）费。
　A. 配装材料　　　　B. 配装辅助　　　　C. 配装人工　　　　D. 配装加工

8. 配送的主要形式是（　　）配送。
　A. 生产企业　　　　B. 仓库　　　　　　C. 配送中心　　　　D. 商店

9. （　　）只改变产品数量组成形式，而不改变产品本身的物理、化学性质并与干线运输相配合的配送方式，如大批量进货后小批量多批次发货，或零星集货后形成一定批量再送货等。
　A. 加工配送　　　　　　　　　　　　　B. 集疏配送
　C. 综合配送　　　　　　　　　　　　　D. 专业配送

10. 商业承兑汇票结算适用于（　　）。
　A. 同城结算　　　　　　　　　　　　　B. 异地结算
　C. 同城和异地结算　　　　　　　　　　D. 不用于结算

二、多选题

1. 运输及配送服务的要点有（　　）。
   A. 时效性　　B. 可靠性　　C. 沟通性　　D. 便利性　　E. 经济性
2. 正确理解的配送是（　　）。
   A. 以用户需求为出发点　　B. 效率优先
   C. 配与送的有机结合　　D. 在经济合理的范围内进行
   E. 末端线路活动
3. 配送的主题活动是（　　）。
   A. 包装　　B. 保管　　C. 配货　　D. 搬运　　E. 运输

三、判断题

1. 配送中心的主要功能就是送货。　　　　　　　　　　　　　　　　（　　）
2. 配送中心是专职从事配送的企业，属于第三方物流。　　　　　　　（　　）
3. 从物流来讲，配送包括了物流的全部职能，是物流的缩影或在特定范围内物流全部活动的体现。　　　　　　　　　　　　　　　　　　　　　　　　　（　　）
4. 配送需求是指一定时期内客户由于经营需要，而产生的对物在时间和费用方面的总要求。　　　　　　　　　　　　　　　　　　　　　　　　　　　　（　　）
5. 流通加工是实现商品配送的前置工作。　　　　　　　　　　　　　（　　）
6. 物流本身是一种服务性活动，配送是多种物流功能的整合，而且是直接面对用户的关键环节。　　　　　　　　　　　　　　　　　　　　　　　　　　（　　）
7. 配送基本服务要求配送系统具备一定的基本能力，这种能力是配送主体向用户承诺的基础，也是用户选择配送主体的依据。　　　　　　　　　　　　　（　　）
8. 配送的实质是送货，但与一般送货有所区别。　　　　　　　　　　（　　）
9. 配送的增值服务是在基本功能的基础上延伸的服务项目。　　　　　（　　）
10. 配送路线是否合理，直接影响到配送效率和配送效益。　　　　　（　　）

四、名词解释

1. 配送
2. 配送费用

五、简答题

1. 影响运输费用的因素有哪些？
2. 简述配送与运输的区别与联系。
3. 商业承兑汇票结算的基本流程怎样完成？

六、技能训练题

1. 以4~5人为一组，调查某一物流企业的配送费用情况，然后针对调查结果分析物流企业配送费用中的现状、存在问题及改进措施。

要求：
（1）调查资料要翔实，避免空洞；
（2）问题的分析要深刻；
（3）将分析结果以论文形式上交老师。

2. 西安金鑫制造有限公司计划赊销一批价值500 000元的运输设备给上海兴华物流有限

公司，并且约定在1个月内由上海兴华物流有限公司向该西安金鑫制造有限公司付款，这样就形成了以西安金鑫制造有限公司为债权人、上海兴华物流有限公司为债务人的债权债务关系。

想一想：未来西安金鑫制造有限公司和上海兴华物流有限公司可以采用哪几种结算方式来结清他们之间的债权债务关系？

模块六

流通加工费用

任务一　流通加工费用构成及分配

【知识目标】

1. 掌握流通加工的概念，了解其作用。
2. 理解流通加工的类型。
3. 掌握流通加工费用的构成及流通加工费用的计算。

【能力目标】

1. 能够区分流通加工与生产加工。
2. 能够准确计算分配各项流通加工费用。

【任务导入】

广东万里物流公司承接了普利公司另外甲、乙、丙三种产品的流通加工业务，2011年12月，产品生产生产工人的工资为60 000元，按生产工人工资总额提取的职工福利费为18 000元。三种产品共消耗A材料260 000元，制造费用为26 000元，广东万里物流采用生产工时分配法分配直接人工费用、直接材料费用和制造费用，12月份甲、乙、丙三种产品的实际生产加工工时分别为6 000小时、12 000小时和8 000小时。求甲、乙、丙三种产品各自应分摊的流通加工费用。

【任务分析】

一、流通加工概述

（一）流通加工的概念

《中华人民共和国国家标准物流术语》（GB/T 18354—2006）中规定，流通加工的定义是：物品在从生产地到使用地的过程中，根据需要施加包装、分割、计量、分拣、刷标志、拴标签、组装等简单作业的总称。

流通加工是为了提高物流速度和物品的利用率，在物品进入流通领域后，按客户的要求进行的加工活动，即在物品从生产者向消费者流动的过程中，为了促进销售、维护商品质量和提高物流效率，对物品进行一定程度的加工。流通加工通过改变或完善流通对象的形态来实现"桥梁和纽带"的作用，因此流通加工是流通中的一种特殊形式，完成商品所有权和实物形态的转移。因此，流通与流通对象的关系，一般不是改变其形态而创造价值，而是保持流通对象的已有形态，完成空间的位移，实现其时间效用和空间效用。

(二) 流通加工的作用

1. 提高原材料利用率。通过流通加工进行集中下料，将生产厂商直接运来的简单规格产品，按用户的要求进行下料。例如将钢板进行剪板、切裁，将木材加工成各种长度及大小的板、方材等。集中下料可以优材优用、小材大用、合理套裁，明显地提高原材料的利用率，有很好的技术经济效果。

2. 提高加工效率及设备利用率。在分散加工的情况下，加工设备由于生产周期和生产节奏的限制，设备利用时松时紧，使得加工过程不均衡，设备加工能力不能得到充分发挥。而流通加工面向全社会，加工数量大，加工范围广，加工任务多，这样可以通过建立集中加工点，采用一些效率高、技术先进、加工量大的专门机械和设备。一方面提高了加工效率和加工质量，另一方面还提高了设备利用率。其结果是降低了加工费用及原材料成本。

3. 提高物流效率，方便物流。有一些产品本身的形态使之难以进行物流操作。如鲜鱼的装卸、储存操作困难，过大设备搬运、装卸困难，气体物运输、装卸困难等。进行流通加工，可以使物流各环节易于操作，如鲜鱼冷冻、过大设备解体、气体液化等，这种加工往往可以改变"物"的物理状态，但不改变其化学特性。同时，通过采取改装、冷冻、保鲜、涂油等措施可以保护商品在运输、储存、搬运、包装等过程中不受损失。

4. 方便用户，满足用户的多样化需求。用量小或满足临时需要的用户，不具备进行高效率初级加工的能力，通过流通加工可以使用户省去进行初级加工的投资、设备、人力，方便了用户。目前发展较快的初级加工有：将水泥加工成生混凝土，将原木或板、方材加工成门窗，钢板预处理、整形等加工。

【课堂思辨】流通加工＝生产加工吗？

二、流通加工的类型

(一) 为适应多样化需要的流通加工

生产部门为了实现高效率、大批量的生产，其产品往往不能完全满足用户的要求。为了满足用户对产品多样化的需要，同时又要保证高效率的大生产，可将生产出来的单一化、标准化的产品进行多样化的改制加工。例如，对钢材卷板的舒展、剪切加工；平板玻璃按需要规格的开片加工；木材改制成枕木、板材、方材等加工。

(二) 为方便消费、省力的流通加工

根据下游生产的需要将商品加工成生产直接可用的状态。例如，根据需要将钢材定尺、定型，按要求下料；将木材制成可直接投入使用的各种型材；将水泥制成混凝土拌合料，使用时只需稍加搅拌即可使用等。

(三) 为保护产品所进行的流通加工

在物流过程中，为了保护商品的使用价值，延长商品在生产和使用期间的寿命，防止商品在运输、储存、装卸搬运、包装等过程中遭受损失，可以采取稳固、改装、保鲜、冷冻、涂油等方式。例如，水产品、肉类、蛋类的保鲜、保质的冷冻加工、防腐加工等；丝、麻、棉织品的防虫、防霉加工等。还有，如为防止金属材料的锈蚀而进行的喷漆、涂防锈油等措施，运用手工、机械或化学方法除锈；木材的防腐朽、防干裂加工；煤炭的防高温自燃加工；水泥的防潮、防湿加工等。

(四) 为弥补生产领域加工不足的流通加工

由于受到各种因素的限制，许多产品在生产领域的加工只能到达一定程度，而不能完全实现终极的加工。例如，木材如果在产地完成成材加工或制成木制品的话，就会给运输带来极大的困难，所以在生产领域只能加工到圆木、板、方材这个程度，进一步的下料、切裁、处理等加工则由流通加工完成；钢铁厂大规模的生产只能按规格生产，以使产品有较强的通用性，从而使生产能有较高的效率，取得较好的效益。

(五) 为促进销售的流通加工

流通加工也可以起到促进销售的作用。例如，将过大包装或散装物分装成适合依次销售的小包装的分装加工；将以保护商品为主的运输包装改换成以促进销售为主的销售包装，以起到吸引消费者、促进销售的作用；将蔬菜、肉类洗净切块以满足消费者要求等。

(六) 为提高加工效率的流通加工

许多生产企业的初级加工由于数量有限，加工效率不高。而流通加工以集中加工的形式，解决了单个企业加工效率不高的弊病。它以一家流通加工企业的集中加工代替了若干家生产企业的初级加工，促使生产水平有一定的提高。

(七) 为提高物流效率、降低物流损失的流通加工

有些商品本身的形态使之难以进行物流操作，而且商品在运输、装卸搬运过程中极易受损，因此需要进行适当的流通加工加以弥补，从而使物流各个环节易于操作，提高物流效率，降低物流损失。例如，造纸用的木材磨成木屑的流通加工，可以极大地提高运输工具的装载效率；自行车在消费地区的装配加工可以提高运输效率，降低损失；石油气的液化加工，使很难输送的气态物转变为容易输送的液态物，也可以提高物流效率。

(八) 为衔接不同运输方式、使物流更加合理的流通加工

在干线运输和支线运输的结点设置流通加工环节，可以有效地解决大批量、低成本、长距离的干线运输与多品种、少批量、多批次的末端运输和集货运输之间的衔接问题。在流通加工点与大生产企业间形成大批量、定点运输的渠道，以流通加工中心为核心，组织对多个用户的配送，也可以在流通加工点将运输包装转换为销售包装，从而有效地衔接不同目的的运输方式。例如，散装水泥中转仓库把散装水泥装袋、将大规模散装水泥转化为小规模散装水泥的流通加工，就衔接了水泥厂大批量运输和工地小批量装运的需要。

(九) 生产——流通一体化的流通加工

依靠生产企业和流通企业的联合，或者生产企业涉足流通，或者流通企业涉足生产，形成的对生产与流通加工进行合理分工、合理规划、合理组织，统筹进行生产与流通加工的安排，这就是生产——流通一体化的流通加工形式。这种形式可以促成产品结构及产业结构的调整，充分发挥企业集团的经济技术优势，是目前流通加工领域的新形式。

(十) 为实施配送进行的流通加工

这种流通加工形式是配送中心为了实现配送活动，满足客户的需要而对物资进行的加工。例如，混凝土搅拌车可以根据客户的要求，把沙子、水泥、石子、水等各种不同材料按比例要求装入可旋转的罐中。在配送路途中，汽车边行驶边搅拌，到达施工现场后，混凝土已经均匀搅拌好，可以直接投入使用。

三、流通加工费用的概念及构成

(一) 流通加工费用的概念

流通加工费用指在商品从生产者到消费者的流动过程中，为了促进销售、维护商品质量，实现物流的高效率所采用的使商品发生形状和性质的变化而产生的全部费用，包括流通加工业务人员费用、流通加工材料消耗、加工设施设备折旧费、维修保养费、燃料与动力消耗等。

(二) 流通加工费用的构成

1. 流通加工人工费用。在流通加工过程中从事加工活动的管理人员、工人和其他相关人员的工资、奖金等费用的总和，即构成了流通加工费用的人工费用。

2. 流通加工材料费用。商品进入流通领域后，在流通加工过程中根据加工措施的不同，需要消耗一些材料，如包装材料、辅助材料等，而消耗这些材料所需要的费用就是流通加工材料费用。与工业企业相比，在流通加工过程中的直接材料费用占流通加工费用的比例不大。

3. 流通加工设施设备折旧费。流通加工设施设备折旧费是指在流通加工过程中，由于流通加工设备的使用而发生的实体损耗和价值转移。流通加工设备因流通加工形式、服务对

象不同而不同。物流中心常见的流通加工设备有数种设备项目,如剪板加工需要的剪板机、木材加工需要的电锯、拆箱需要的拆箱机等。购置这些设备所支出的费用,通过流通加工折旧费的形式转移到被加工的产品中去。折旧费一般采用平均年限法计提折旧。

4. 流通加工其他费用。在流通加工过程中,除了要消耗直接材料以外,还要耗费加工作业必需的电力、燃料等费用,这些也是流通加工费用的构成。

一般情况下为了简化计算,对流通加工费用设置直接人工、直接材料和制造费用三个费用项目。

 小知识

流通加工费用分析的常用方法

流通加工费用分析的常用方法如下:

(1) 比较分析法:通过指标对比,从数量上确定差异的一种分析方法。

(2) 比率分析法:通过计算和对比经济指标的比率进行数量分析的一种方法。

(3) 连环替代法:用来计算几个相互联系的因素对综合经济指标变动影响程度的一种分析方法。

(4) 差额计算法:是连环替代法的一种简化形式。

四、流通加工费用的计算及分配

(一) 流通加工直接人工费用的计算及分配

1. 流通加工直接人工费用的计算。流通加工直接人工费用是指直接进行加工生产的生产工人的工资总额和按工资总额提取的职工福利费。生产工人的工资总额包括计时工资、计件工资、奖金、津贴和补贴、加班工资和特殊情况下支付的工资等。

计算工资必须以考勤记录、产量记录等原始记录为依据,按照工资总额的组成内容分别计算。

2. 流通加工直接人工费用的分配。采用计件工资形式支付给生产工人的工资,一般可直接计入所加工的产品的费用,不需要在各种产品之间进行分配。采用计时工资形式支付的工资,如果生产工人只生产一种产品,也可以将工资费用直接计入该产品费用,不需要进行分配;如果加工了多种产品,则根据以下公式进行分配:

$$费用分配率 = \frac{应分配的直接人工费}{各种产品加工工时之和} \times 100\%$$

$$某加工产品应分配费用 = 该产品的加工工时 \times 费用分配率$$

(二) 流通加工直接材料费用的计算及分配

1. 流通加工直接材料费用的计算。流通加工直接材料费用是指对流通加工过程中直接消耗的辅助材料、包装材料等所需支付的费用。直接材料费用的计算公式为:

$$直接材料费用 = 材料消耗数量 \times 材料价格$$

为了正确计算在流通加工过程中材料的消耗量,企业应当采用连续记录法,及时记录材料的消耗数量。

在实际工作中,物流企业可以按照实际费用计价组织材料计算,也可按计划费用计价组织材料计算,但无论采用哪种计价方式,加工过程中消耗的材料的费用,都应当是材料的实际费用。

2. 流通加工直接材料费用的分配。两个或两个以上费用计算对象共同耗用的材料,需要采用一定的方法,在各费用计算对象之间进行分配。

分配的标准可以是产品的产量或产品的面积、体积、长度、重量等,计算公式与流通加工直接人工分配的计算公式类似。

【例6-1】某物流企业加工厂加工A、B、C三种产品,2011年10月,三种产品共消耗直接材料100 000元,该月三种产品的产量分别为2 500件、3 000件和4 500件,求各产品消耗的材料费用。

根据已知条件,我们采用产量分配法计算。

费用分配率 = 10 000/(2 500 + 3 000 + 4500) = 10 (元/件)

A 产品分配额 = A 产品产量 × 费用分配率
$\qquad$ = 2 500 × 10
$\qquad$ = 25 000 (元)

同理:

B 产品分配额 = 3 000 × 10
$\qquad$ = 30 000 (元)

C 产品分配额 = 4 500 × 10
$\qquad$ = 45 000 (元)

直接材料费用的分配根据适用的不同方法采用各自的计算规则。

(三) 流通加工制造费用的计算

1. 流通加工制造费用的内容。流通加工制造费用是物流中心设置的生产加工单位为组织和管理生产加工所发生的各项间接费用。主要包括流通加工生产单位管理人员的工资及提取的福利费,生产加工单位房屋、建筑物、机器设备等的折旧费和修理费,生产单位固定资产租赁费,机器物料消耗;低值易耗品摊销、取暖费、水电费、办公费、差旅费、保险费、试验检验费,季节性停工和机器设备修理期间的停工损失以及其他制造费用等。

2. 流通加工制造费用的归集。流通加工制造费用是通过设置制造费用明细账,按照费用发生的地点来归集的。

3. 流通加工制造费用的分配。流通加工制造费用是各加工单位为组织和管理流通加工所发生的间接费用,其受益对象是流通加工单位当期所发生的全部产品。当加工单位只加工一种产品时,制造费用不需要在受益对象之间分配,直接转入流通加工费用;若加工了多种产品,则需要在全部受益对象之间进行分配。

制造费用的分配方法有:生产工时分配法,机器工时分配法,计划分配率分配法。

生产工时分配法,是以加工各种产品的生产工时为标准分配费用的方法。

机器工时分配法,是以各种加工产品(各受益对象)的机器工作时间为标准,来分配制造费用的方法。

计划分配率分配法，是按照年初确定计划制造费用分配率分配制造费用，实际发生的制造费用与按计划分配率分配的制造费用的差异年末进行调整。

【任务实施】

根据以上分析，计算案例中各种费用的分配额如表6-1所示。

表6-1

金额单位：元

产品名称	生产工时（小时）	工资、福利分配		直接材料分配		制造费用分配		合计
		分配率	分配额	分配率	分配额	分配率	分配额	
甲	6 000	3	18 000	10	60 000	1	6 000	84 000
乙	12 000	3	36 000	10	120 000	1	12 000	168 000
丙	8 000	3	24 000	10	80 000	1	8 000	112 000
合计	26 000	60 000 + 18 000 = 78 000		260 000		26 000		364 000

流通加工单位费用 = 364 000/26 000 = 14 元/小时

利润率为10%。

所以，流通加工报价 = 14 + 14 × 10% = 15.4 元/小时。

【知识拓展】

流通加工与生产加工的区别

1. 流通加工的对象是进入流通过程的商品，具有商品的属性，以此来区别多环节生产加工中的一环。而生产加工对象不是最终产品，而是原材料、零配件、半成品。

2. 流通加工程度大多是简单加工，而不是复杂加工。一般来讲，如果必须进行复杂加工才能形成人们所需的商品，那么这种复杂加工应专设生产加工过程。生产过程理应完成大部分加工活动，流通加工对生产加工则是一种辅助及补充。特别需要指出的是，流通加工绝不是对生产加工的取消或代替。

3. 从价值观点看，生产加工的目的在于创造价值及使用价值，而流通加工则在于完善其使用价值并在不作大改变的情况下提高价值。

4. 流通加工的组织是从事流通工作的人，能密切结合流通的需要进行这种加工活动。从加工单位来看，流通加工由商业或物资流通企业完成，而生产加工则由生产企业完成。

5. 商品生产的目的是交换和消费，流通加工的一个重要目的，是为了消费所进行的加工，这一点与商品生产有共同之处。但是流通加工有时候也是以自身流通为目的的，纯粹是为流通创造条件，这种为流通所进行的加工与直接为消费所进行的加工从目的来讲是相区别的，这又是流通加工不同于商品生产的特殊之处。

任务二　流通加工费用结算

【知识目标】

1. 掌握流通加工费用的归集。
2. 掌握流通加工费用实际结算操作方法。

【能力目标】

能够使用银行转账结算流程及实际操作。

【任务导入】

沿用模块六任务一中的任务实施资料，2011年12月23日，普利公司与万里物流签订了国内第三方物流外包业务合同。发生的物流费用参看上一案例中的资料，假如你是万里物流的跟单员，请以跟单员应具备的职业能力，完成本物流公司中物流结算的工作。上一案例中发生的流通加工费用为364 000元，双方约定采用支票的方式进行结算。

【任务分析】

银行转账结算方式。

（一）结算方式选用

本案例采用的是银行转账结算方式。

（二）其他分析说明

该结算方式在模块二支票结算中已作介绍，在此不作详细讲解。

【任务实施】

在以上理论基础及技能掌握的基础上，协助跟单员一起来完成万里物流和普利公司流通加工费用的结算，下面就双方约定的方式进行结算。

双方开户行及账号如下：

广东万里物流有限公司

开户银行：中国农业银行广东分行，账号：103456234787654××××

普利信息科技有限公司

开户银行：中国农业银行北京分行，账号：102356534788634××××

沿用模块六任务二中的任务导入资料，双方约定以支票中的转账支票结算方式结算流通加工费用364 000元。

具体操作流程：

一、汇款人委托银行办理转账支票业务

汇款人开出支票并填写进账单，到企业开户银行办理转账。银行受理后在进账单回单上加盖"转讫"章，表示款项已划转，付款方依据存根和回单作银行存款减少的记录。

本任务中，作为付款人的普利信息公司首先要向其开户行中国农业银行广东分行填制一张转账支票，金额为364 000元，并填制一式三联的银行进账单，其中第一联作为普利信息公司的回单，第二联银行记账凭证，第三联收账通知联。进账单必须清楚填写票据种类、票据张数、收款人名称、收款人开户银行及账号、付款人名称、付款人开户银行及账号、票据金额等栏目，并连同相关票据一并交给银行经办人员。

二、汇款人开户行（汇出行）汇出汇款

本任务中，普利公司开户行需要对提交的转账支票及进账单凭证认真审核，审核无误后为其委托方——普利公司通过转账支票的方式办理汇款。接下来，主要的任务就是双方银行之间划转款项。

三、汇款人开户行（汇出行）汇出汇款

普利公司开户行受理委托后需要将款项汇给汇入行，即万里物流的开户行（中国农业银行广东分行）。但此过程中，普利公司开户行需要认真对凭证审查，如银行进账单凭证内容是否齐全，普利公司账户资金能否支付364 000元款项等。审核凭证无误后，普利公司开户行可以将款项划拨至万里物流开户行账户中。

四、收款人开户行（汇入行）汇入汇款

要完成本次汇款，万里物流开户行（中国农业银行广东分行）还需要将364 000元款项直接入账到万里物流在本行的账户中，然后通知普利公司款项已经入账。

【知识拓展】

一、流通加工费用项目和内容

（一）直接材料费

流通加工的直接材料费用是指对流通加工产品加工过程中直接消耗的材料、辅助材料、包装材料以及燃料和动力等费用。与工业企业相比，在流通加工过程中的直接材料费用，占流通加工成本的比例不大。

（二）直接人工费用

流通加工成本中的直接人工费用，是指直接进行加工生产的生产工人的工资总额和按工

资总额提取的职工福利费。生产工人工资总额包括计时工资、计件工资、奖金、津贴和补贴、加班工资、非工作时间的工资等。

(三) 制造费用

流通加工制造费用是物流中心设置的生产加工单位为组织和管理生产加工所发生的各项间接费用。主要包括流通加工生产单位管理人员的工资及提取的福利费，生产加工单位房屋、建筑物、机器设备等的折旧和修理费、生产单位固定资产租赁费、机物料消耗、低值易耗品摊销、取暖费、水电费、办公费、差旅费、保险费、试验检验费、季节性停工和机器设备修理期间的停工损失以及其他制造费用。

二、流通加工费用的归集

(一) 直接材料费用的归集

直接材料费用中，材料和燃料费用数额是根据全部领料凭证汇总编制的"耗用材料汇总表"确定的；外购动力费用是根据有关凭证确定的。在归集直接材料费用时，凡能分清某一成本计算对象的费用，应单独列出，以便直接计入该加工对象的成本计算单中；属于几个加工成本对象共同耗用的直接材料费用，应当选择适当的方法，分配计入各加工成本计算对象的成本计算单中。

(二) 直接人工费用的归集

计入成本中的直接人工费用的数额，是根据当期"工资结算汇总表"和"职工福利费计算表"来确定的。"工资结算汇总表"是进行工资结算和分配的原始依据，它是根据"工资结算单"按人员类别（工资用途）汇总编制的，"工资结算单"应当依据职工工作卡片、考勤记录、工作量记录等工资计算的原始记录编制；"职工福利费计算表"是依据"工资结算汇总表"确定的各类人员工资总额，按照规定的提取比例计算后编制的。

(三) 制造费用的归集

制造费用是通过设置制造费用明细账，按照费用发生的地点来归集的。制造费用明细账按照加工生产单位开设，并按费用明细账项目设专栏组织核算。流通加工制造费用表的格式可以参考工业企业的制造费用表的一般格式。由于流通加工环节的折旧费用、固定资产修理费用等占成本比例较大，其费用归集尤其重要。

【例6-2】沿用上一案例资料，具体数据如表6-2所示。

金额单位：元

产品名称	生产工时（小时）	工资、福利分配		直接材料分配		制造费用分配		合计
		分配率	分配额	分配率	分配额	分配率	分配额	
甲	6 000	3	18 000	10	60 000	1	6 000	84 000
乙	12 000	3	36 000	10	120 000	1	12 000	168 000
丙	8 000	3	24 000	10	80 000	1	8 000	112 000
合计	26 000	60 000 + 18 000 = 78 000		260 000		26 000		364 000

请根据相关数据作相应的会计分录。

(1) 借：主营业务成本——甲产品——工资费用　　　　　　　　18 000
　　　　　　　　　　——乙产品——工资费用　　　　　　　　36 000

　　　　　　　　——丙产品——工资费用　　　　　　　　　　　　24 000
　　　　贷：应付职工薪酬　　　　　　　　　　　　　　　　　　78 000
（2）借：主营业务成本——甲产品——直接材料　　　　　　　60 000
　　　　　　　　——乙产品——直接材料　　　　　　　　　　120 000
　　　　　　　　——丙产品——直接材料　　　　　　　　　　80 000
　　　　贷：原材料　　　　　　　　　　　　　　　　　　　　260 000

三、期间费用的核算

为了反映和监督期间费用支出的详细情况，并为分析检查管理费用、财务费用以及销售费用的预算执行情况，为改善经营管理提供数据资料，需要设置"管理费用"、"财务费用"以及"销售费用"三个总账，同时还需在三个总账下面进行详细的明细核算。

（一）管理费用

"管理费用"账户属于损益类账户。该账户用来核算企业为组织和管理经营活动而发生的管理费用。本账户的借方登记本期发生的各项管理费用；贷方登记期末余额转入"本年利润"账户的数额，结转后本账户无余额。本账户可按费用项目设置明细分类账，采用多栏式账页格式。

【例6-3】某物流公司为拓展企业的收入，12月份发生业务招待费12 000元，以银行存款支付，请编制相应的会计分录。

　　借：管理费用——业务招待费　　　　　　　　　　　　　　12 000
　　　　贷：银行存款　　　　　　　　　　　　　　　　　　　12 000

【例6-4】支付应由本月行政管理部门负担的报纸杂志费500元，请作相应的会计分录。

　　借：管理费用——报纸杂志费　　　　　　　　　　　　　　500
　　　　贷：银行存款　　　　　　　　　　　　　　　　　　　500

（二）财务费用

"财务费用"账户属于损益类账户。该账户用来核算企业为筹集经营活动所需资金等而发生的筹资费用。本账户的借方登记本期发生的各项财务费用；贷方登记期末余额转入"本年利润"账户的数额；结转后本账户无余额。本账户可按费用项目设置明细分类账。

【例6-5】以银行存款支付应由本期财务费用负担的短期借款利息600元，请作相应的会计分录。

　　借：财务费用——利息支出　　　　　　　　　　　　　　　600
　　　　贷：银行存款　　　　　　　　　　　　　　　　　　　600

【例6-6】某物流公司12月末确定银行存款美元账户汇兑净损失2 200元，请作相应的会计分录。

　　借：财务费用——汇兑损益　　　　　　　　　　　　　　　2 200
　　　　贷：银行存款——美元户　　　　　　　　　　　　　　2 200

（三）销售费用

"销售费用"账户属于损益类账户。该账户用来核算企业在进行各物流活动业务时发生的支出。本账户的借方登记本期发生的各项销售费用，贷方登记期末余额转入"本年利润"账户的数额，结转后本账户无余额。本账户可按费用项目设置明细分类账。

【例6-7】以银行存款支付企业为提高知名度而发生的广告费用4 600元，请作相应的会计分录。

借：销售费用——广告费　　　　　　　　　　　　　　　　　　　4 600
　　贷：银行存款　　　　　　　　　　　　　　　　　　　　　　　　4 600

【思考与训练】

一、判断题

1. 流通实际上就是物流。　　　　　　　　　　　　　　　　　　　（　　）
2. 方便运输、方便用户、便于综合利用是流通加工的目的。　　　　（　　）
3. 加工活动和物流活动是生产系统的两大支柱。没有加工，生产系统就失去了存在的意义；没有物流，生产系统将会停顿。　　　　　　　　　　　　　　　　（　　）
4. 流通活动中资金流是在所有权更迭的交易过程中发生的，可以认为从属于商流。（　　）
5. 流通包含商流、物流、资金流和信息流，其中信息流从属于物流。（　　）
6. 流通加工是流通中的一种特殊形式，是在流通领域中对生产的辅助性加工，从某种意义上来讲它不仅是生产过程的延续，实际是生产本身或生产工艺在流通领域的延续。（　　）

二、名词解释

流通加工费用

三、简答题

简述流通加工费用的构成。

四、技能训练题

1. 某物流加工厂加工甲、乙、丙三种产品，2010年10月，三种产品共同消耗A材料90 000元，该月三种产品的净重分别为2 000公斤、2 500公斤、4 500公斤。

要求：采用重量分配法进行A材料费用的分配。

2. 某物流加工厂加工甲、乙、丙三种产品，12月份产品生产工人的工资为99 000元，按生产工人工资总额提取的职工福利费用为13 860元。该厂采用生产工时分配法分配直接费用。12月份甲、乙、丙三种产品的实际生产加工工时为4 000小时、10 000小时和8 000小时。

要求：根据以上资料进行直接人工费用的分配。

3. 某物流加工厂加工甲、乙、丙三种产品，发生的制造费用为20 000元，三种产品实际生产工时分别为10 000小时、6 000小时和4 000小时。

要求：按生产工人工时比例分配制造费用。

模块七

装卸搬运费用

任务一　装卸搬运费用构成及计算

【知识目标】

1. 掌握装卸搬运的概念，了解其作用。
2. 理解装卸搬运的作业形式。
3. 掌握装卸搬运费用的构成。

【能力目标】

1. 能够判断装卸搬运的活性。
2. 能够准确计算分配各项装卸搬运费用。

【任务导入】

　　资料表明，在中国，铁路运输的过程中，装配搬运的费用约占运费的20%，机械生产厂家每生产1吨产品平均大约需要252次的装卸搬运作业，约占加工成本的15.5%。在美国，生产的全过程中，仅5%的时间用于生产，而95%的时间却用于装卸搬运等物流过程。装卸搬运一般是伴随着商品运输和储存而附带发生的作业，它本身并不能产生新的价值和新的效用，随着经济的发展，物流产业在商品流通领域发挥的作用越来越大，装卸搬运不仅成为决定物流速度的关键，而且是影响物流费用高低的重要因素。如何在确保服务质量的前提下，实现装卸搬运合理化及装卸搬运费用的优化控制，对物流系统整体功能的发挥，降低物流费用，提高物流速度都具有重要的意义。

　　本项目将带你认识装卸搬运的内容及作业形式，掌握装卸搬运的费用计算对象、计算期、计算单位、计算方法，学会优化控制装卸搬运费用。

【任务分析及实施】

一、装卸搬运概述

（一）装卸搬运的含义

装卸搬运是包括在同一场所内对货品进行的装卸和搬运两个作业活动，它们通常是同时发生的。国家标准的定义：装卸是指"物品在指定地点以人力或机械装入运输设备或卸下。"搬运是指："在同一场所内，对物品进行水平移动为主的物流作业。"

装卸是改变"物"的存放，支撑状态的活动，主要指物体上下方向的移动。而搬运是改变"物"的空间位置的活动，主要指物体横向或斜向的移动。装卸搬运是物流每一项活动开始及结束时必然发生的活动，装卸搬运作业在物流作业过程中出现的频率最高，装卸搬运并不创造价值，只是对物流资源的消耗。

【课堂思辨】 思考搬运与运输的联系。

（二）装卸搬运的特点

1. 装卸搬运是附属性、伴生性的活动。装卸搬运的附属性不能理解成被动的，实际上装卸搬运对其他物流活动有一定决定性。装卸搬运会影响其他物流活动的质量和速度，装卸搬运是物流每一项活动开始及结束时必然发生的活动，因而有时常被人忽视，有时被看做其他操作时不可缺少的组成部分。

2. 装卸搬运是支持、保障性活动。装卸搬运为生产与流通缓解提供了保障和服务。没有装卸搬运的保障和服务，就无法使物流高质量、高效率地运行。许多物流活动在有效的装卸搬运支持下，才能实现高水平。另外，装卸搬运需要人与机械、货物相结合，工作量大，情况变化多，作业环境复杂，导致装卸搬运作业存在不安全的因素和隐患，这就需要严格执行安全操作规程，确保装卸搬运质量，保证物流全过程的安全优质。

3. 装卸搬运是衔接性的活动。在任何其他物流活动互相过渡时，都是以装卸搬运来衔接，因而装卸搬运往往成为整个物流"瓶颈"，是物流各功能之间能否形成有机联系和紧密衔接的关键，而这又是一个系统的关键。

二、装卸搬运在物流中的地位与作用

装卸搬运活动在整个物流过程中占有很重要的位置。一方面，物流过程各环节之间以及同一环节不同活动之间，都是以装卸作业有机结合起来的，从而使物品在各环节、各种活动中处于连续运动或所谓流动；另一方面，各种不同的运输方式之所以能联合运输，也是由于装卸搬运才使其形成。在生产领域中，装卸搬运作业已成为生产过程中不可缺少的组成部分，成为直接生产的保障系统，从而形成装卸搬运系统。由此可见，装卸搬运是物流活动得以进行的必要条件，在全部物流活动中占有重要地位，发挥重要作用。

1. 装卸搬运直接影响物流质量。因为装卸搬运是使货物产生垂直和水平方向上的位移，货物在移动过程中受到各种外力作用，如振动、撞击、挤压等，容易使货物包装和货物本身受损，如损坏、变形、破碎、散失、流溢等，装卸搬运损失在物流费用中占有一定的比重。

2. 装卸搬运直接影响物流效率。物流效率主要表现为运输效率和仓储效率。在货物运输过程中，完成一次运输循环所需的时间，在发运地的装车时间和在目的地的卸车时间占有不小的比重，特别是在短途运输中，装卸车时间所占比重更大，有时甚至超过运输工具运行时间，所以缩短装卸搬运时间，对加速车船和货物周转具有重要作用；在仓储活动中，装卸搬运效率对货物的收发速度和货物周转速度产生直接影响。

3. 装卸搬运直接影响物流安全。由于物流活动是物的实体的流动，在物流活动中确保劳动者、劳动手段和劳动对象安全非常重要。装卸搬运特别是装卸作业，货物要发生垂直位移，不安全因素比较多。实践表明，物流活动中发生的各种货物破失事故、设备损坏事故、人身伤亡事故等，相当一部分是装卸过程中发生的。特别是一些危险品，在装卸过程中如违反操作规程进行野蛮装卸，很容易造成燃烧、爆炸等重大事故。

4. 装卸搬运直接影响物流成本。装卸搬运是劳动力借助于劳动手段作用于劳动对象的生产活动。为了进行此项活动，必须配备足够的装卸搬运人员和装卸搬运设备。由于装卸搬运作业量较大，它往往是货物运量和库存量的若干倍，所以所需装卸搬运人员和设备数量也比较大，即要有较多的活动和物化劳动的投入，这些劳动消耗要计入物流成本，如能减少用于装卸搬运的劳动消耗，就可以降低物流成本。

三、装卸搬运的作业形式

1. "吊上吊下"方式。采用各种起重机械从货物上部起吊，依靠起吊装置的垂直移动实现装卸，并在吊车运行的范围内或回转的范围内实现搬运或依靠搬运车辆实现小搬运。由于吊起及放下属于垂直运动，这种装卸方式属垂直装卸。

2. 叉上叉下方式。采用叉车从货物底部托起货物，并依靠叉车的运动进行货物位移，搬运完全靠叉车本身，货物可不经中途落地直接放置到目的处。这种方式垂直运动不大而主要是水平运动，属水平装卸方式。

3. 滚上滚下方式。滚上滚下方式主要指港口装卸的一种水平装卸方式。利用叉车或半挂车、汽车承载货物，连同车辆一起开上船，到达目的地后再从船上开下，称"滚上滚下"方式。利用叉车的滚上滚下方式，在船上卸货后，叉车必须离船；利用半挂车、平车或汽车，则拖车将半挂车、平车拖拉至船上后，拖车开下离船，而载货车辆连同货物一起运到目的地，再原车开下或拖车上船拖拉半挂车、平车开下。滚上滚下方式需要有专门的船舶，对码头也有不同要求，这种专门的船舶称"滚装船"。

4. 移上移下方式。移上移下方式是在两车之间（如火车及汽车）进行靠接，然后利用各种方式，不使货物垂直运动，而靠水平移动从一个车辆上推移到另一车辆上，称移上移下方式。移上移下方式需要使两车辆水平靠接，因此对站台或车辆货台需进行改变，并配合移动工具实现这种装卸。

5. 散装散卸方式。对散装物进行装卸，一般从装点直到卸点，中间不再落地，这是集装卸与搬运于一体的装卸方式。

小知识

装卸搬运活性系数

装卸、搬运的灵活性，根据物料所处的状态，即物料装卸、搬运的难易程度，可分为不同的级别。

0级——物料杂乱地堆在地面上的状态；

1级——物料装箱或经捆扎后的状态；

2级——箱子或被捆扎后的物料，下面放有枕木或其他衬垫后，便于叉车或其他机械作业的状态；

3级——物料被放于台车上或用起重机吊钩钩住，即刻移动的状态；

4级——被装卸、搬运的物料，已经被启动、直接作业的状态。

四、装卸搬运费用的概念、计算对象及计算单位

(一) 装卸搬运费用的概念

装卸搬运费用是指物流企业在物流作业过程中，为实现物品的移动和定位进行装卸搬运而产生的各种费用的总和。

(二) 装卸搬运费用计算对象及计算单位

装卸搬运费用的计算对象可视具体情况而定，可按机械作业和人工作业分别作为成本计算对象，核算其成本。以机械装卸作业为主、人工作业为辅的作业活动，可不单独核算人工装卸成本；以人工装卸作业为主、机械装卸作业为辅的作业活动，也可不单独核算机械装卸成本。

各类装卸搬运成本计算期，通常以月为单位，并按日历的月、季、年计算各种业务成本。

装卸搬运活动的计算单位有装卸自然吨和装卸操作吨。1装卸自然吨是指1吨货物不论经过几个操作过程，均以1吨计算。1装卸操作吨是指一个完整操作过程所装卸、搬运的1吨货物。

五、装卸搬运费用的构成

(一) 装卸搬运直接费用

1. 装卸搬运人工费用。装卸搬运人工费用，指按规定支付给装卸搬运涉及的人员的报酬，包括固定人员的基本工资、奖金和按照规定比例计提的职工福利费以及临时聘用装卸搬运人员的劳动报酬。

2. 机械设备费用。机械设备费用，指机械设备的使用费用，具体包括以下几种费用：

（1）购买费用。机械设备的购买费用，是购买机械设备时的投资费用，包括主设备的购买费用、附属设备费用和安装费用。

(2)燃料和动力费用。燃料和动力费用,指装卸机械在运行和操作过程中所耗用的燃料、动力和电力费用。每月终了根据油库转来的装卸搬运机械领用的燃料凭证,计算实际消耗数量与金额,计入成本。电力可根据供电部门的收费凭证或企业的分配凭证,直接计入装卸成本。

(3)轮胎费。轮胎费指装卸机械领用的外胎、内胎、垫带及其翻新和零星修补费用。由于装卸搬运机械的轮胎磨耗与行驶里程无明显关系,故其费用不宜采用按胎公里摊的方法处理,应在领用新胎时将其价值直接计入成本。如果一次领换轮胎数量较大时,可作为待摊费用或预提费用,按月分摊计入装卸成本。

(4)修理费。机械设备的修理费包括日常维修费和大修理费。日常维修费是指装卸搬运费用进行各级保养和修理所发生的工料费、修复旧件费用和行车耗用的机油费用,大修理费是指对装卸搬运机械设备计提的大修理基金。

(5)折旧费。指装卸机械按规定计提的折旧费。影响折旧的因素主要有:装卸搬运机械折旧期限、原值、固定资产净残值率和计提折旧的起止时间。折旧计算方法有平均年限法、工作量法等。

(6)工具费。指装卸机械耗用的工具费,包括装卸工具的摊销额和工具的修理费。自制装卸工具的制造应通过辅助营运费用核算,所领用的材料和支付的工资费用,不得列入本项目。装卸搬运机械领用的随车工具、劳保用品和耗用的工具,在领用时将其价值一次计入成本。

(二)营运间接费用

营运间接费用是指装卸搬运管理部门为管理和组织装卸搬运业务所发生的各项管理费用和业务费用。

【知识拓展】

(1)据我国统计,火车货运以500公里为分歧点,运距超过500公里,运输在途时间多于起止的装卸时间;运距低于500公里,装卸时间则超过实际运输时间。

(2)美国与日本之间的远洋船运,一个往返需25天,其中运输时间13天,装卸时间12天。

(3)我国对生产物流的统计,机械工厂每生产1吨成品,需进行252吨次的装卸搬运,其成本为加工成本的15.5%。

任务二 装卸搬运费用结算

【知识目标】

1. 掌握装卸搬运的成本费用项目及归集。
2. 掌握装卸搬运费用实际结算操作方法。

【能力目标】

能够使用银行转账结算流程及实际操作。

【任务导入】

2011年12月28日，普利公司与万里物流签订了国内第三方物流外包业务合同。假设案例中发生的装卸搬运费用为50 800元，双方约定采用支票的方式进行结算。假如你是万里物流的跟单员，请以跟单员应具备的职业能力，完成本物流公司中物流结算的工作。

【任务分析】

银行转账结算方式。

（一）结算方式选用

本案例采用的是银行转账结算方式。

（二）其他分析说明

该结算方式已在模块二支票结算中已作介绍，在此不作详细讲解。

【任务实施】

在以上理论基础及技能掌握的基础上，协助跟单员一起来完成万里物流和普利公司国内物流费用的结算，下面就双方约定的方式进行结算。

双方开户行及账号如下：

广东万里物流有限公司

开户银行：中国农业银行广东分行，账号：103456234787654×××

普利信息科技有限公司

开户银行：中国农业银行北京分行，账号：102356534788634×××

沿用模块七任务二中的任务导入资料，双方约定以支票中的转账支票结算方式结算装卸搬运费用50 800元。

具体操作流程：

一、汇款人委托银行办理转账支票业务

汇款人开出支票并填写进账单，到企业开户银行办理转账。银行受理后在进账单回单上加盖"转讫"章，表示款项已划转，付款方依据存根和回单作银行存款减少的记录。

本任务中，作为付款人的普利信息公司首先要向其开户行中国农业银行北京分行填制一张转账支票，金额为50 800元，并填制一式三联的银行进账单，其中第一联作为普利信息公司的回单，第二联银行记账凭证，第三联收账通知联。进账单必须清楚填写票据种类、票据张数、收款人名称、收款人开户银行及账号、付款人名称、付款人开户银行及账号、票据

金额等栏目，并连同相关票据一并交给银行经办人员。

二、汇款人开户行（汇出行）汇出汇款

本任务中，普利公司开户行需要对提交的转账支票及进账单凭证认真审核，审核无误后为其委托方——普利公司通过转账支票的方式办理汇款。接下来，主要的任务就是双方银行之间划转款项。

三、汇款人开户行（汇出行）汇出汇款

普利公司开户行受理委托后需要将款项汇给汇入行，即万里物流的开户行（中国农业银行广东分行）。但此过程中，普利公司开户行需要认真对凭证审查，如银行进账单凭证内容是否齐全，普利公司账户资金能否支付 50 800 元款项等。审核凭证无误后，普利公司开户行可以将款项划拨至万里物流开户行账户中。

四、收款人开户行（汇入行）汇入汇款

要完成本次汇款，万里物流开户行（中国农业银行广东分行）还需要将 50 800 元款项直接入账到万里物流在本行的账户中，然后通知普利公司款项已经入账。

【知识拓展】

一、装卸成本费用项目

物流企业的装卸成本费用项目，一般可分为以下四类七项：

1. 直接人工费。是指支付给装卸机械司机、助手和装卸工人的工资以及按其工资总额和规定比例计提的职工福利费。

2. 直接材料。

（1）燃料和动力费。是指装卸机械在运行和操作过程中，所耗用的燃料（如汽油、柴油）、动力（如电力、蒸气）费用。

（2）轮胎费。指装卸机械领用的外胎、内胎、垫带以及外胎翻新费和零星修补费。

3. 其他直接费用。

（1）保养修理费。是指为装卸机械和装卸工具进行保养、大修、小修所发生的料、工、费，以及装卸机械在运行和操作过程所耗用的机油、润滑油的费用。为装卸机械保修所领用的周转总成的费用，也包括在本项目内。

（2）折旧费。是指按规定计提的装卸机械折旧费。

（3）其他费用。是指不属于以上各项目的与装卸业务直接有关的工具费、劳动保护费、外付装卸费（指支付给外单位装卸工人的装卸费用）、事故损失（指在装卸作业过程中，因装卸队责任造成的应由本期装卸成本负担的事故损失，包括货物破损等货损货差损失、损坏车辆设备所支付的修理费，以及外单位人员人身伤亡事故所支付的各种费用）等。

4. 营运间接费用。是指各装卸队为组织与管理装卸业务而发生的管理费用和业务费用。

二、装卸搬运费用的归集与分配

物流企业的装卸费用通过"主营业务成本——装卸支出"账户进行归集与分配，本账户按成本计算对象设置明细账户，并按成本项目进行明细核算。物流公司如同时经营装卸业务，在公司下设立装卸队，装卸队队部统一管理机械装卸队和人工装卸队，其中人工装卸队配备少量装卸机械，机械装卸队和人工装卸队应分别核算装卸支出与计算装卸成本。

装卸费用的归集与分配方法与运输费用基本相同，其有关的汇总表、计算表、分配表及会计分录，一般都可并入前述核算运输业务的有关凭证（汇总表、计算表、分配表）及分录中。下面举例简要说明各项装卸费用的归集与分配方法。

1. 直接人工。企业的直接人工区可根据"工资结算表"等有关资料，编制工资及职工福利费汇总表据以直接计入各类装卸成本。

【例7-1】假设装卸队2011年12月发生工资如下：机械装卸队司机及助手28 000元、保修工人5 000元；人工装卸队48 000元，保修工人3 000元；队部管理人员8 000元。作会计分录如下：

借：主营业务成本——装卸支出——机械（直接人工）　　28 000
　　　　　　　　　　　　　　　——机械（保养修理费）　　5 000
　　　　　　　　　　　　　　　——人工（直接人工）　　48 000
　　　　　　　　　　　　　　　——人工（保养修理费用）　　3 000
　　制造费用——营运间接费用（装卸支出）　　8 000
　　贷：应付职工薪酬——应付工资　　92 000

根据工资总额的14%计提职工福利费，作会计分录如下：

借：主营业务成本——装卸支出——机械（直接人工）　　3 920
　　　　　　　　　　　　　　　——机械（保养修理费）　　700
　　　　　　　　　　　　　　　——人工（直接人工）　　6 720
　　　　　　　　　　　　　　　——人工（保养修理费用）　　420
　　制造费用——营运间接费用（装卸支出）　　1 120
　　贷：应付职工薪酬——应付福利费　　12 880

2. 直接材料中的燃料和动力费。对于燃料和动力费，企业可于每月终了根据油库转来装卸机械领用燃料凭证计算实际消耗数量计入成本。企业耗用的电力可根据供电部门的收费凭证或企业的分配凭证直接计入成本。

【例7-2】假设申通物流公司装卸队2011年12月领用装卸过程用的燃料53 400元，其中：机械装卸队48 000元，人工装卸队5 400元。当月燃料成本差异率为2%，作会计分录如下：

借：主营业务成本——装卸支出——机械（燃料及动力）　　4 8000
　　　　　　　　　　　　　　　——人工（燃料及动力）　　5 400
　　贷：原材料——燃料　　53 400
借：主营业务成本——装卸支出——机械（燃料及动力）　　960
　　　　　　　　　　　　　　　——人工（燃料及动力）　　108
　　贷：材料成本差异——燃料　　1 068

假设公司机械装卸队机械操作耗用电力,已付或应付电费 3 000 元,有关会计分录如下:

借:主营业务成本——装卸支出——机械(燃料及动力) 3 000
　　贷:银行存款或应付账款 3 000

3. 直接材料中的轮胎费。物流企业装卸机械的轮胎磨耗是在装卸场地操作过程中发生的,因此其轮胎费用不宜采用"胎公里"摊提方法处理。一般可于领用新胎时将其价值一次直接计入装卸成本。如一次集中领换轮胎数量较多,为均衡各期成本负担,可将其作为待摊费用按月份分摊计入装卸成本。

装卸机械轮胎的翻新和零星修补费用,一般在费用发生和支付时,直接计入装卸成本。

装卸队配属各种车辆所领用新胎及翻新和零星修补的费用,也可按上述方法计入成本。

【例7-3】假设公司机械装卸队 2011 年 12 月领用外胎 3 200 元,材料成本差异率为 5%,领用内胎、垫带 750 元,材料成本差异率为 4%,作会计分录如下:

借:主营业务成本——装卸支出——机械(轮胎) 3 360
　　贷:原材料——轮胎 3 200
　　　　材料成本差异——轮胎 160
借:主营业务成本——装卸支出——机械(轮胎) 780
　　贷:原材料 750
　　　　材料成本差异——材料 30

假设公司机械装卸队送保养场零星修补轮胎,分配修补费用为 260 元,作会计分录如下:

借:主营业务成本——装卸支出——机械(轮胎) 360
　　贷:主营业务成本——辅助营运费用 360

假设机械装卸队委托外单位翻新轮胎,支付翻新费用 2 000 元,作会计分录如下:

借:主营业务成本—装卸支出——机械(轮胎) 2 000
　　贷:银行存款 2 000

4. 其他直接费用中的保养修理费。物流公司由专职装卸机械保修工或保修班组进行装卸机械保修作业的工料费,直接计入装卸成本;由保养场(或保修车间)进行装卸机械保修作业的工料费,通过"辅助营运费用"账户核算,然后分配计入装卸成本。

装卸机械大修理费用的计提额、送大修机械超、亏运转台班差异调整、大修理费用超、节差异调整等的计算及其账务处理,都与前述运输车辆相类似。

装卸机械在运行和装卸操作过程中耗用的机油、润滑油以及装卸机械保修领用备品备件的价值,月终根据油料库、材料库提供的领料凭证直接计入装卸成本。

【例7-4】假设申通物流公司机械装卸队 2011 年 12 月保养修理装卸机械领用备品配件、润料及其他材料 8 000 元,其中:机械装卸队领用 6 000 元,人工装卸队领用 2 000 元。当月材料类的成本差异率为 4%,作会计分录如下:

借:主营业务成本——装卸支出——机械(保养修理费) 6 000
　　　　　　　　　　　　　　　——人工(保养修理费) 2 000
　　贷:原材料 8 000
借:主营业务成本——装卸支出——机械(保养修理费) 240

      ——人工（保养修理费）   80
  贷：材料成本差异——材料   320
  当月按装卸运转台班和台班大修理费计提额计算，大修理费计提额为：机械装卸队11 250元，人工装卸队1 950元，作会计分录如下：
  借：主营业务成本——装卸支出——机械（保养修理费） 11 250
           ——人工（保养修理费） 1 950
  贷：预提费用——预提修理费用   13 200
  假设当月机械装卸队送保养场大修装卸机械，亏运转台班差异应调增大修理费用2 700元，大修理费用超支应调增大修理费用3 300元。保养场分配装卸机械大修理费用57 300元。分别作会计分录如下：
  借：主营业务成本——装卸支出——机械（保养修理费） 6 000
    贷：预提费用——预提修理费用   6 000
  借：预提费用——预提修理费用   57 300
    贷：主营业务成本——辅助营运费用   57 300

  5. 其他直接费用中的折旧费。物流企业装卸机械的折旧应按规定的折旧率计提，根据"固定资产——折旧计算表"直接计入各类装卸成本。

  装卸机械计提折旧适宜采用工作量法，一般按其工作时间（以台班表示）计提。其计算公式如下：

$$\text{装卸机械台班折旧额} = \frac{\text{装卸机械原值} - \text{预计残值} + \text{预计清理费用}}{\text{装卸机械由新至废运转台班定额}}$$

$$\text{装卸机械月折旧额} = \text{当月运转台班} \times \text{台班折旧额}$$

  【例7–5】 假设公司装卸队2011年12月应计提固定资产折旧如下：机械装卸队用装卸机械38 400元，人工装卸队用装卸机械5 760元，装卸队部用房屋160元。作会计分录如下：
  借：主营业务成本——装卸支出——机械（折旧费）   38 400
           ——人工（折旧费）   5 760
    制造费用——营运间接费用——装卸   160
    贷：累计折旧   44 320

  6. 其他直接费用中的其他费用。装卸机械领用的随机工具、劳保用品和装卸过程中耗用的工具，在领用时根据领用凭证可将其价值一次直接计入各类装卸成本。一次领用数额过大时，可作为长期待摊费用处理。

  工具的修理费用以及防暑、防寒、保健饮料、劳动保护安全措施等费用，在费用发生和支付时，可根据费用支付凭证或其他有关凭证，一次直接计入各类装卸成本。

  物流企业对外发生和支付装卸费时，可根据支付凭证直接计入各类装卸成本。事故损失一般于实际发生时直接计入有关装卸成本，或先通过"其他应收款——暂付赔款"账户归集，然后于月终将应由本期装卸成本负担的事故净损失结转计入有关装卸成本。

  7. 营运间接费用。装卸队直接开支的管理费和业务费，可在发生和支付时，直接列入装卸成本。当按机械装卸和人工装卸分别计算成本时，可先通过"营运间接费用"账户汇集,月终再按直接费用比例分配计入各类装卸成本。

【例7-6】假设公司装卸队2011年12月发生的管理费和业务费,除工资及福利费10 260元、折旧费160元以外,还分配水电费、支付办公费、报销差旅费等1 080元(有关分录从略),合计11 500元。已归集的机械装卸与人工装卸的直接费用,分别为158 000元和72 000元,根据装卸支出明细账和营运间接费用(装卸)明细账记录,可编制营运间接费用(装卸)分配表(见下表)。

营运间接费用(装卸)分配表

2011年11月 金额单位:元

成本计算对象	分配标准(直接费用)	分配率	分配额
机械装卸	158 000	0.05	7 900
个人装卸	72 000		3 600
合计	230 000		11 500

根据营运间接费用(装卸)分配表,作会计分录如下:
借:主营业务成本——装卸支出——机械(营运间接费用) 7 900
——人工(营运间接费用) 3 600
贷:制造费用——营运间接费用(装卸) 11 500

【思考与训练】

一、名词解释
1. 装卸搬运
2. 装卸搬运费用

二、简答题
1. 装卸搬运的特点有哪些?
2. 简述装卸搬运费用的构成。
3. 简述装卸费用的归集与分配。

三、核算训练题
1. 某物流企业工人小王8月份共搬运A产品1 000件,B产品800件。验收时发现A产品损坏15件,其中11件属于工人操作不当造成的。该职工小时工资率为6元,搬运A产品定额工时为0.2小时,B产品为0.1小时,该职工该月的计件工资是多少?结合该材料,归纳装卸搬运费用的计算方法。

2. 技能训练题。
(1) 某物流公司装卸队下设的机械装卸队2011年12月领用外胎5 500元,领用内胎、垫带共500元,该公司采用实际成本法核算,请编制相应的会计分录。
(2) 某物流公司装卸队2011年12月领用装卸过程用的燃料50 000元,其中:机械装卸队41 000元,人工装卸队9 000元,请编制相应的会计分录。

(3）某物流公司装卸队在12月送修理间零星修补轮胎，分配修补费用150元；同时支付委托外单位翻新轮胎的费用为900元，请编制相应的会计分录。

(4）某物流公司装卸队下设的机械装卸队2011年12月发生职工薪酬如下：机械装卸队司机及助手薪酬为34 800元，人工装卸队司机及助手薪酬为25 680元，请编制相应的会计分录。

(5）某物流公司2011年12月共支付电费8 600元，其中机械装卸队机械操作耗用电力费为3 000元，装卸部的行政管理用电为2 200元，公司本部行政管理用电为1 000元，运输车站用电为1 500元，请编制相应的会计分录。

实训软件资料

一、系统管理

1. 账套管理。

账套号：001

账套名称：广东万里物流有限公司。

账套启用日期：2009年1月1日。

账套存储路径：系统默认路径。

单位信息：广东万里物流有限公司简称万里物流。

由于公司业务日益增多，手工核算已经不能满足公司目前的管理要求，因此于2008年12月与用友软件公司签订合作协议，使用用友U890管理软件进行信息化管理。第一阶段实施财务部分管理软件，即总账、报表、固定资产、应收款管理、应付款管理、网上报销模块。

本币：人民币。

企业类型：工业。

行业性质：2007年新会计制度科目。

基础信息：对客户、存货进行分类。

分类编码：科目编码级次42222，其他按系统默认值。

2. 增加用户及权限设置。

001 张主管；

002 李会计；

003 王出纳。

二、基础设置

1. 设置部门档案（见下表）：

部门编码	部门名称	部门编码	部门名称	部门编码	部门名称
01	董事会	5001	运营中心办公室	502203	山东分公司办公室
0101	董事会办公室	5008	昆明办事处	502204	山东仓储部

续表

部门编码	部门名称	部门编码	部门名称	部门编码	部门名称
03	总裁办	5009	沈阳办事处	502205	山东网络客服部
04	人力资源中心	5010	广州分公司	5025	运营支持部
0401	人力资源中心办公室	501001	广州配送部	5026	湖北分公司
0402	人力资源部	501003	广州分公司办公室	502601	湖北配送部
06	销售市场管理中心	501004	广州仓储部	502602	湖北仓储部
0601	销售部	501005	广州客服部	502603	湖北分公司办公室
0602	商务市场部	501006	电商物流部	502604	湖北网络客服部
0603	大客户部	5012	深圳分公司	5027	宁波分公司
0604	销售四部	501201	深圳配送部	502701	宁波配送部
0605	销售五部	501203	深圳分公司办公室	502702	宁波仓储部
0606	商务市场部	501204	深圳仓储部	502703	宁波分公司办公室
07	营运网络及采购中心	501205	深圳网络客服部	502704	宁波网络客服部
0701	物资采购部	5013	广西分公司	5028	河南分公司
0702	计划工程部	501301	广西配送部	502801	河南配送部
0703	项目启动部	501303	广西分公司办公室	502802	河南仓储部
0704	营运网络管理部	501304	广西仓储部	502803	河南分公司办公室
0705	采购中心办公室	501305	广西网络客服部	502804	河南网络客服部
09	融资部	5014	福建分公司	5029	中山分公司
10	董事会办公室	501401	福建配送部	502901	中山配送部
11	安全与质量控制部	501403	福建分公司办公室	502902	中山仓储部
13	信息中心	501404	福建仓储部	502903	中山分公司办公室
1301	IT运维部	501405	福建网络客服部	502904	中山网络客服部
1302	IT软件开发部	5017	成都办事处	5030	运作支持部
1303	IT数据处理部	5018	上海分公司	5031	江苏办事处
14	财务管理中心	501801	上海配送部	5032	海南办事处
1401	财务管理部	501803	上海分公司办公室	5033	电商物流部
1402	会计核算部	501804	上海仓储部	5034	杭州办事处
1403	资金管理部	501805	上海网络客服部	5035	成都分公司
15	内控委员会	5020	扬州办事处	503501	成都分公司办公室
1501	安全与质量控制部	5021	北京分公司	503502	成都仓储部
1502	审计部	502101	北京配送部	503503	成都运输部

续表

部门编码	部门名称	部门编码	部门名称	部门编码	部门名称
1503	内控委员办公室	502102	北京仓储部	503504	成都网络客服部
16	客户服务中心	502103	北京分公司办公室	51	测试部
1601	客户支持部	502104	北京网络客服部	5101	测试部1
1602	Call center	5022	山东分公司	5102	测试部2
50	运营管理中心	502201	山东配送部	60	广州客户服务部

2. 设置人员类别：

01 总部人员；

02 其他运输；

03 其他后勤；

04 完美后勤；

05 味好美后勤；

06 安利仓储。

3. 设置人员档案（见下表）：

人员编码	人员姓名	部门	行政部门名称	人员类别
0001	邢伟	0101	董事会办公室	总部人员
0002	贾平菊	500601	华北大区办公室	总部人员
0003	邢大成	0101	董事会办公室	总部人员
0004	江哲明	500505	上海	好运来后勤
0005	杨峰	500505	上海	好运来后勤
0006	刘晓凤	500505	上海	好运来后勤
0007	张主管	05	财务部	总部人员
0008	李会计	05	财务部	总部人员
0009	王出纳	05	财务部	总部人员
0010	汤均	0703	供应商甄选部	总部人员
0011	贾芸	500602	山东	其他运输
0012	蔡元香	500602	山东	其他运输
0013	赵海	500602	山东	其他运输
0014	潘兰兰	500602	山东	其他运输
0015	杨明	50030205	完美项目	完美后勤
0016	许燕燕	50030401	福建办公室	其他后勤
0017	梁红英	500602	山东	其他运输

续表

人员编码	人员姓名	部门	行政部门名称	人员类别
0018	朱武	500602	山东	其他运输
0019	张超	500602	山东	安利仓储
0020	孟祥	50030301	广西办公室	其他后勤
0021	欧阳红莲	500505	上海	好运来运输
0022	施大伟	500505	上海	好运来运输
0023	李小平	500602	山东	其他运输
0024	贾金鑫	500602	山东	安利仓储

4. 设置客户档案（见下表）：

客户编码	客户简称	发展时间
01	好运来公司	2008-12-10
02	BH 公司	2008-1-8
03	万利达公司	2008-9-2
04	中兴银行	2008-9-12
05	爱德公司	2008-6-18
06	上海普生公司	2008-10-16
07	爱明公司	2008-12-11
08	达成公司	2008-12-15

5. 供应商分类（见下表）：

类别编码	类别名称
1	广西地区
2	浙江地区
3	上海地区
4	东莞地区
5	北京地区
6	太和地区
7	长沙地区
8	中山地区
9	广州地区
10	福建地区

6. 设置供应商档案（见下表）：

供应商编码	供应商简称	所属分类	发展时间
01	广西宏达汽车	1	2008-12-10
02	浙江宁波中通	2	2008-1-8
03	上海江南运输公司	3	2008-9-2
04	广州BH华捷物流	4	2008-9-12
05	北京兴旺货运	5	2008-6-18
06	广州雅芳华邦物流	6	2008-10-16
07	长沙飞跃货运	7	2008-12-11
08	中山海南天利货运公司	8	2008-12-15
09	广州丰扬快递	9	2008-12-25
10	福建福州货运	10	2008-12-26

7. 增加会计科目（见下表）：

科目名称及编码	账类/辅助核算	方向	期初余额
库存现金（1001）	日记	借	8 000
银行存款（1002）	银行、日记	借	6 000 000
应收账款（1122）	客户往来	借	4 441 000
坏账准备（1231）		贷	800
其他应收款（1221）		借	
预付账款（1123）	供应商往来	借	
原材料（1403）		借	
库存商品（1405）		借	
固定资产（1601）		借	89 698
累计折旧（1602）		贷	56 031.52
固定资产清理（1606）		借	
短期借款（2001）		贷	100 000
应付账款（2202）	供应商往来	贷	248 700
预收账款（2203）		贷	
应付职工薪酬（2211）		贷	45 000
应交税费（2221）		贷	8 166.48
应交增值税（222101）		贷	
进项税额（22210101）		贷	

续表

科目名称及编码	账类/辅助核算	方向	期初余额
销项税额（22210102）		贷	
转出未交增值税（22210103）		贷	
转出多交增值税（22210104）		贷	
应交营业税（222102）		贷	
应交消费税（222103）		贷	
应交企业所得税（222104）		贷	
应交城市维护建设税（222105）		贷	
应交土地增值税（222106）		贷	
应交房产税（222107）		贷	
应交土地使用税（222108）		贷	
应交车船使用税（222109）		贷	
应交个人所得税（222110）		贷	
应交教育费附加（222111）		贷	
应交堤围防洪费（222112）		贷	
应交印花税（222113）		贷	
应付利息（2231）		贷	80 000
实收资本（4001）		贷	10 000 000
本年利润（4103）		贷	
生产成本（5001）		借	
制造费用（5101）		借	
工资费用（510101）		借	
折旧费用（510102）		借	
主营业务收入（6001）		贷	
主营业务成本（6401）		借	
销售费用（6601）		借	
工资费用（660101）		借	
折旧费用（660102）		借	
运输费用（660103）		借	
广告费用（660104）		借	
其他费用（660105）		借	
管理费用（6602）	部门核算	借	

续表

科目名称及编码	账类/辅助核算	方向	期初余额
工资费用（660201）	部门核算	借	
折旧费用（660202）	部门核算	借	
办公费用（660203）	部门核算	借	
差旅费用（660204）	部门核算	借	
其他费用（660205）	部门核算	借	
财务费用（6603）		借	
利息支出（660301）		借	
汇兑损益（660302）		借	
手续费（660303）		借	

8. 指定科目。

（1）指定现金总账科目和银行总账科目（现金总账科目为"库存现金1001"，银行总账科目为"银行存款1002"）。

（2）项目指定科目（假如科目，固定资产清理要指定项目A，则先修改科目，固定资产清理；点击项目目录，选择项目大类：A项目，将待选科目1606选到右边"已选科目"栏，再点击确定）。

9. 设置凭证类别：记账凭证。

10. 设置项目目录。

（1）增加项目大类名称：A项目（普通项目）。

（2）定义项目级次。

（3）项目分类定义　分类编码：1；分类名称：A。

（4）增加项目目录（项目大类：A项目，单击维护，弹出项目目录维护界面，单击增加按钮，录入项目编号、名称、所属分类码）。

11. 收付结算。设置结算方式，见数据表如下。

结算方式编码	结算方式名称	票据管理
1	现金	否
2	支票	否
201	现金支票	是
202	转账支票	是
3	其他	否

12. 设置本单位开户银行。

开户银行编码：1；

开户银行名称：中国工商银行广东分行；

银行账号：4367422872710129850；

暂封标识：否。

三、系统初始化

1. 设置总账参数、固定资产参数、应收、应付款参数。

（1）启用总账。账套启用日期：2009年1月1日。

（2）总账系统参数设置。凭证制单时，采用序时控制（不能倒流）；进行支票管理与资金及往来赤字控制，可使用其他系统受控科目，制单权限不控制到科目，不可修改他人填制的凭证，打印凭证页脚姓名，凭证审核时控制到操作员，由出纳填制的凭证必须经出纳签字？进行预算控制方式。

账簿打印位数、每页打印行数按软件标准设定，明细账打印按年排页。

数量和单价小数位2位，部门、个人、项目按编码方式排序，会计日历为1月1日~12月31日。

（3）根据资料设置固定资产系统的业务控制参数：

启用月份为2009年1月1日。

用"平均年限法"按月计提折旧；当（月初已计提月份 = 可使用月份 - 1）时，要求将剩余折旧全部提足。

固定资产类别编码方式：2-1-1-2；固定资产编码方式：按"类别编码+序号"自动编码；卡片序号长度为3；已发生资产减少卡片可删除时限为5年。

要求与总账系统进行对账，固定资产对账科目："1501固定资产"；累计折旧对账科目"1502累计折旧"；固定资产缺省入账科目："1501固定资产"；累计折旧缺省入账科目："1502累计折旧"；对账不平衡的情况下不允许月末结账。

（4）根据资料设置部门对应折旧科目：

根据资料设置固定资产类别（见下表）。

编码	类别名称	编码	类别名称
01	交通运输及生产设备	02	电子通信设备
011	经营用	021	经营用
012	非经营用	022	非经营用

净残值率为"5%"，计提属性为"正常计提"，折旧方法为"平均年限法"，卡片式样为"通用式样"。

根据资料设置固定资产增减方式所对应的科目（增减方式按默认值取数）见下表。

增减方式	对应入账科目
增加方式：	
直接购入	10020101
在建工程转入	1604

续表

增减方式	对应入账科目
减少方式：	
出售	1606
报废	1606

（5）启用应收系统。

启用时间：2009年1月1日；

应收款核销方式：按单据；

单据审核日期依据：单据日期；

汇兑损益方式：月末处理；

坏账处理方式：应收余额百分比；

代垫费用类型：其他应收单；

应收账款核算类型：详细核算；

是否自动计算现金折扣：是；

是否登记支票：是；

核销是否生成凭证：否；

月末结账前是否全部制单：是；

预收冲应收是否生成凭证：是；

是否根据信用额度自动报警：是。

（6）根据资料对应收系统的常用科目进行设置。

应收科目：1122；

预收科目：2203；

应交增值税科目：22210102；

银行承兑科目：1121；

商业承兑科目：1121；

票据利息科目：660301。

对应收系统的结算方式科目进行设置。

结算方式	币种	科目
现金	人民币	1001
现金支票	人民币	10020101
转账支票	人民币	10020101

根据资料对应收系统的坏账准备相关参数进行设置。

提取比率：0.5%；

坏账准备期初余额：175.5；

坏账准备科目：1231；

对方科目：6701。

对应收系统的账龄区间进行设置（见下表）。

序　　号	起止天数	总天数
01	0～30	30
01	31～60	60
03	61～90	90
04	91 以上	

对应收系统的报警级别进行设置（见下表）。

序　　号	起止比率	总比率	级别名称
01	0～10%	10	A
02	10%～30%	30	B
03	30%～60%	60	C
04	60% 以上		D

（7）启用应付系统。

启用时间：2009 年 1 月 1 日；

应付款核销方式：按单据；

单据审核日期依据：单据日期；

汇兑损益方式：月末处理；

应付账款核算类型：详细核算；

是否自动计算现金折扣：是；

是否登记支票：是；

核销是否生成凭证：否；

月末结账前是否全部制单：是；

预收冲应付是否生成凭证：是；

是否根据信用额度自动报警：是。

（8）根据资料对应付系统的常用科目进行设置。

应付科目：2202；

预付科目：1123；

采购科目：1401；

采购税金科目：22210101；

银行承兑科目：2201；

商业承兑科目：2201。

对应付系统的结算方式科目进行设置（见下表）：

结算方式	币种	科目
现金	人民币	1001
现金支票	人民币	10020101
转账支票	人民币	10020101

对应付系统的账龄区间进行设置（见下表）：

序号	起止天数	总天数
01	0~30	30
01	31~60	60
03	61~90	90
04	91以上	

对应付系统的报警级别进行设置（见下表）：

序号	起止比率	总比率	级别名称
01	0~10%	10	A
02	10%~30%	30	B
03	30%~60%	60	C
04	60%以上		D

2. 各模块期初数据录入。
（1）总账系统期初余额数据录入（见前面列示的增加会计科目表）。
（2）录入应收、应付款期初余额。

应收账款期初余额

单据类型	日期	客户	摘要	方向	金额
专用发票	2008年12月19日	好运来公司	配送收入	借	130 000
普通发票	2008年12月20日	BH公司	配送收入	借	1 400 000
专用发票	2008年12月22日	万利达公司	配送收入	借	330 000
普通发票	2008年12月23日	中兴银行	配送/仓储/分拣收入	借	1 500 000
专用发票	2008年12月25日	爱德公司	配送收入	借	56 000
普通发票	2008年12月26日	上海普生公司	仓储	借	350 000
专用发票	2008年12月28日	爱明公司	配送收入	借	25 000
普通发票	2008年12月30日	达成公司	仓储装卸配送收入	借	650 000

应付账款期初余额

单据类型	日期	供应商	摘要	方向	金额
专用发票	2008年12月6日	广西宏达汽车	配送运输费	贷	6 900
普通发票	2008年12月16日	浙江宁波中通	配送运输费	贷	17 000
专用发票	2008年12月18日	上海江南运输公司	配送运输费	贷	33 000
专用发票	2008年12月18日	广州BH华捷物流	配送运输费	贷	26 000
普通发票	2008年12月20日	北京兴旺货运	配送运输费	贷	20 000
专用发票	2008年12月22日	广州雅芳华邦物流	配送运输费	贷	14 000
专用发票	2008年12月24日	长沙飞跃货运	配送运输费	贷	72 000
普通发票	2008年12月26日	中山海南天利货运公司	配送运输费	贷	12 000
普通发票	2008年12月28日	广州丰扬快递	配送运输费	贷	7 800
专用发票	2008年12月29日	福建福州货运	配送运输费	贷	40 000

（3）固定资产期初数据录入。录入固定资产原始卡片（见下表）。

固定资产名称	类别编号	折旧方法	使用年限（月）	开始使用时间	使用部门	原值	累计折旧
空调	021	平均年限法（一）	36	2008年8月31日	综合管理办公室	3 998	2 278.83
电脑1	021	平均年限法（一）	36	2008年3月31日	人力行政支持中心	3 750	2 434.40
电脑2	021	平均年限法（一）	36	2008年3月31日	华南大区	2 800	1 817.68
电脑3	021	平均年限法（一）	36	2008年3月31日	总裁办	3 150	2 044.94
服务器	021	平均年限法（一）	36	2008年4月30日	信息中心	13 800	8 740.04
办公家具	011	平均年限法（一）	60	2006年1月30日	华南大区	18 650	17 422.19
流水线	011	平均年限法（一）	60	2008年7月31日	华南大区	39 000	17 907.50
液压车	011	平均年限法（一）	60	2007年1月31日	华北大区	1 300	967.38
传真机	021	平均年限法（一）	60	2007年1月31日	财务部	1 100	818.62
打印机	021	平均年限法（一）	60	2007年1月31日	总裁办	2 150	1 599.94

说明：一般电子设备是按3年折旧，办公家具、生产设备按5年折旧，房屋建筑按10年折旧。厂房的增加方式为"在建工程转入"，其余为"直接购入"，使用情况均为"正常使用"。

四、业务核算日常处理

1. 总账日常业务处理。

（1）2009年1月10日，从银行提取现金2 000元备用，根据现金支票存根进行账务处理：

借：库存现金
　　　贷：银行存款

（2）2009年1月12日，收到零星运输收入800元，根据普通运输发票记账联填制凭证。

借：库存现金
　　　贷：主营业务收入

（3）2009年1月20日，邢伟报销用现金购买管理部门办公用品200元。

借：管理费用——办公用品
　　　贷：库存现金

2. 固定资产日常业务处理。

（1）2009年1月3日，总裁办因办公需要，需要购买电脑一台，全部价值支出11 700元，预计使用3年。

广东省广州市商业销售发票

发票联 No.12345678

客户名称：广州市电子城药业有限公司　　　　　　　　　　2009年1月3日

商品名称	规格	单位	数量	单价	金额							
					十	万	千	百	十	元	角	分
电脑		台	1	117.00		1	1	7	0	0	0	0

合计人民币（大写）：⊗拾壹万壹仟柒佰零拾零元零角零分　　　　￥11 700.00

收款企业（盖章有效）　　　　　收款人：吴晓　　　　　开票人：刘艳艳

（2）2009年1月10日，总裁办因办公需要，需要购买办公桌椅一套，全部价值支出30000元，预计使用5年。

广东省广州市商业销售发票

发票联 No.12345688

客户名称：广州市电子城药业有限公司　　　　　　　　　　2009年1月10日

商品名称	规格	单位	数量	单价	金额							
					十	万	千	百	十	元	角	分
办公桌椅		台	1	3 000		3	0	0	0	0	0	0

合计人民币（大写）：⊗拾叁万零仟零佰零拾零元零角零分　　　　￥30 000.00

收款企业（盖章有效）　　　　　收款人：吴晓　　　　　开票人：刘艳艳

(3) 2009 年 1 月 28 日，总裁办因办公需要，需要购买空调一台，全部价值支出 3600 元，预计使用 3 年。

广东省广州市商业销售发票

发票联 №.12345690

客户名称：广州市电子城药业有限公司　　　　　　　　　　2009 年 1 月 28 日

商品名称	规格	单位	数量	单价	金额							
					十	万	仟	佰	十	元	角	分
空调		台	1	3600			3	6	0	0	0	0
合计人民币（大写）：⊗万叁仟陆佰零拾零元零角零分					￥3 600.00							

收款企业（盖章有效）　　　　　　收款人：吴晓　　　　　　开票人：刘艳艳

(4) 计提本月折旧费用。

(5) 将万里物流公司 1 月固定资产系统中发生的所有经济业务生成凭证。

(6) 将生成的凭证审核并记账，并查询本月数据。

3. 应收、应付款日常业务处理。

(1) 与代理商对账确认后，在系统中录入应付单，代理商车辆租金，保存后单据转入总公司财务审核，即可生成凭证［2009 年 1 月 31 日，应付北京网络客服部代理车辆 1 月份租车费用 10 000 元，供应商经手人：赵盼盼，业务员：朱昌盛，结账方式：月结（运费应付单如下）］：

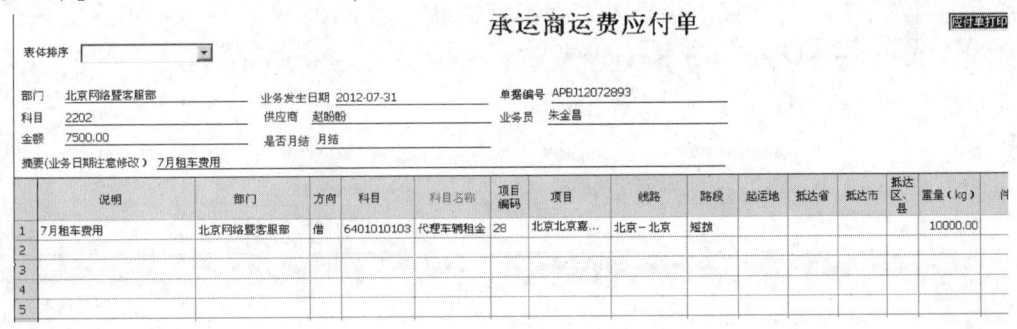

会计分录：

借：主营业务成本——代理车辆租金　　　　　　　　　　　　　10 000

　　贷：应付账款——赵盼盼　　　　　　　　　　　　　　　　　　10 000

(2) 2009 年 1 月 31 日，山东网络客服部支付安利（佳提货运服务部）1 月份济南至烟台干线运输费 3 280 元。付款申请单如下：

操作步骤：

经财务审核通过后生成付款申请单，请付款将通过公司各监管人员的审核，审核批准后，经出纳付款。

[付款申请单 表单图示]

借：应付账款——佳提货运服务部
　　贷：库存现金/银行存款

（3）2009年1月31日，电商物流部（上海）从杰旺材料科技购纸箱等耗材费用。其中1号箱30 000个，价款125 000元，2号箱16 000个，价款56 000元，3号箱8 600个，价款23 000元，总金额共计164 000元（仓储成本应付单同运费应付单业务1）。

借：主营业务成本——仓储成本—低值易耗品
　　贷：应付账款——杰旺材料科技

付款时同业务（2）。

五、费用报销业务

一项费用发生时，先在系统中录入"费用报销单"如下图：

[费用报销单 表单图示]

一般情况下部门和报销人都是默认的，单据日期也默认为录入日期，付款类别分为两种形式，一种是备用金付款，一种是非备用金付款，单据编号为系统自编号。发票信息填什么类型的发票，例如普通发票或增值税发票还是运输发票，如果类型不同，单据录入的流程也不相同，系统会根据不同的部门及不同的类别判断不同的流程，流程走完后，总部出纳会根据此单据及审核无误的附件付款。付款后流程自动转到会计处，如下图：

行号	摘要	科目编码	科目	方向	金额	币种	外币金额	辅助核算信息
1	BXHR12052613/2012-05-31/王元鹏/东城花园5月	660207	管理-福利费	借	3000.00			董事会办公室
2	BXHR12052613/费用	100101	总部现金	贷	3000.00			现金流量项目支付的与其…

如，此单填写的是交通费，采用的是非备用金付款，则流程完毕后生成的凭证为：
借：管理费用——交通费
　　贷：总部现金

如，此单填写的是交通费，采用的是备用金付款，则流程完毕后生成的凭证为：
借：管理费用——交通费
　　贷：××分公司现金

六、期末处理

说明：假定公司当月收入为10万元，已全额开发票。公司为核定征收，核定率为10%，所得税率为25%，计算以下税费。

(1) 计提本月营业税。（假定当月收入10万元，已全额开发票，营业税率为5%，即5 000元）。

(2) 计提城建设及教育费附加（城建税率为7%，即5 000×7% = 350元；教育费附加3%，即5 000×3% = 150元）。

(3) 期间损益结转。

(4) 计提企业所得税（假定当月收入10万元，已全额开发票，所得税率为25%，即100 000×10%×25% = 250元）。

七、报表系统

(1) 生成2009年1月31日资产负债表。
(2) 生成2009年1月31日利润表。

附录

本公司会计科目及部门归属

附表1

本公司成本类科目

类型	编码	名称	用途
损益	6001	营业收入	
损益	600101	运输收入	用于核算跟服客户收取的与运输有关业务的收入，如配送等业务
损益	600102	仓储收入	用于核算跟服客户收取的与仓储有关业务的收入，如仓库租金、装卸搬运收入等业务
损益	600103	其他收入	用于核算不属于以上收入核算的其他业务
损益	6051	其他业务收入	用于核算与"其他业务成本"相对应的其他业务收入
损益	6401	主营业务成本	
损益	640101	运输成本	
损益	64010101	代理运输成本	
损益	6401010101	承运商运费	用于核算与公司合作的非个体司机、临时承运商等的运输成本
损益	6401010102	个人代理运费	用于核算与公司合作的个体司机、临时个体承运商等的运输成本

附录　本公司会计科目及部门归属　　159

续表

类型	编码	名称	用途
损益	6401010103	代理—车辆租金	用于核算公司租用外来车辆作配送所产生的车辆租金
损益	6401010104	代理—油料费	用于核算公司租用外来车辆作配送所产生的油料费
损益	6401010105	代理—路桥费	用于核算公司租用外来车辆作配送所产生的路桥费
损益	6401010106	其他代理成本	用于核算不属于以上成本的其他成本,但此科目慎重使用
损益	64010102	自有配送成本	
损益	6401010206	配送—车辆租金	用于核算公司租用外来车辆作自有配送的车辆租金
损益	6401010207	配送—油料费	用于核算公司自有配送车辆在配送过车中产生的油料费
损益	6401010208	配送—路桥费	用于核算公司自有配送车辆在配送过车中产生的路桥费
损益	6401010209	配送—停车费	用于核算公司自有配送车辆在配送过车中产生的停车费
损益	6401010210	配送—洗车费	用于核算公司自有配送车辆在配送过车中产生的车辆清洗费
损益	6401010212	配送—保险、税、年检费	用于核算公司自有配送车辆的车辆保险金、税费、年检费等
损益	6401010213	配送—维修保养费	用于核算公司自有配送车辆的车辆维修保养费
损益	6401010214	配送—车辆罚款	用于核算公司自有配送车辆的车辆罚款
损益	6401010217	配送—货物保险费	用于核算公司为配送货运而投保的货物保险金等
损益	6401010218	配送—配送交通费	用于核算公司自有配送人员的送货交通费
损益	6401010219	配送—折旧费	用于核算公司自有配送的固定资产折旧费等计计提,属总部会计计提
损益	6401010220	配送—其他成本	用于核算不属于以上成本的其他成本,但此科目慎重使用
损益	64010103	运输扣除	

续表

类型	编码	名称	用途
损益	6401010301	扣除——货损扣除	用于核算因送货时出现货损需罚扣运费的罚款等
损益	6401010302	扣除——货差扣除	用于核算因送货时出现货差需罚扣运费的罚款等
损益	6401010303	扣除——虚假信息扣除	用于核算因在货物信息反馈虚假需罚扣运费的罚款等
损益	6401010304	扣除——投诉扣除	用于核算因客户投诉需罚扣运费的罚款等
损益	6401010305	扣除——迟到扣除	用于核算因送货延迟需罚扣运费的罚款等
损益	6401010306	扣除——其他扣除	用于核算在运输过程中发生的不属于以上扣除的罚款等
损益	640102	仓储成本	
损益	64010210	仓储——租金	用于核算仓库所发生的仓库租金
损益	64010211	仓储——物业管理费	用于核算仓库所发生的物业管理费
损益	64010212	仓储——电费	用于核算仓库所发生的电费
损益	64010213	仓储——水费	用于核算仓库所发生的自来水费
损益	64010214	仓储——装卸搬运费	用于核算仓库搬运工、叉车等装卸搬运货物的成本，如用于仓库卸货用的叉车租金等
损益	64010215	仓储——装修费	用于核算仓库待摊费用摊入的装修费用的及金额小于2 000元的普通装修费
损益	64010216	仓储——低值易耗品推销	用于核算仓库用的单位价值在10～2 000元以下，或使用年限在1年以内的仓库用品，如珍珠棉等
损益	64010217	仓储——折旧费	用于核算仓库用的固定资产折旧费，属总部会计计提
损益	64010218	仓储——盘点损失	
损益	6401021801	盘亏——客户扣罚盘点损失	用于核算仓库盘亏客户罚款的成本
损益	6401021802	盘亏——其他盘点损失	用于核算仓库盘点的不可控因素的盘亏

附录 本公司会计科目及部门归属 161

续表

类型	编码	名称	用途
损益	64010219	仓储——其他成本	用于核算不属于以上成本的其他成本，但此科目需谨慎使用
损益	640104	其他成本	用于核算与主营及其他业务成本无关的成本
损益	6402	其他业务成本	用于核算与"其他业务收入"相对应的其他业务成本
损益	6403	营业税金及附加	用于核算提报代开票税金等

注：1. 签订租车合同的车辆月租入"个人代理运费"。

2. 办公费与低值易耗品的介定。

办公费：日常办公费用主要核算行政部门在办公过程的支出，如纸张、笔等单位价值在50元以下的办公用具。

低值易耗品：指不作为固定资产以及在经营过程中周转使用的包装容器等，且单位价值在50元以上，2 000元以下，或者使用年限在1年以内，不能作为固定资产的劳动资料。有以下几大类：

（1）经营用具，指经营中使用的各种用具如清洁器械、消防器械、绿化器械等；

（2）管理用具，指企业管理中的各种家具用具，如保险柜、沙发、椅子、桌子等；

（3）包装容器，指物业管理企业经营过程中使用的周转箱、包装袋等；

（4）其他用具，指不属于以上分类的低值易耗品。

3. 单件购买无需摊销的低值易耗品按其所属部门归属的低值易耗品摊销科目，批量购买的低值易耗品则录入系统固定资产报销单内的低值易耗品科目里，由总部会计作分期摊销处理。

4. 仓库用的叉车租金如"仓储成本——装卸搬运费"。

5. 仓库、项目，配送记管理人员的工资、社保、福利费等不在U8录入，在网上报销录入。

附表2 本公司费用类科目

类型	编码	名称	业务类型	适用部门	用途
支出	201	分公司费用	费用报销	由分公司填列	
支出	20101	工资	支付工资社保单	由分公司填列	合同工工资
支出	20102	临时性工资	费用报销	由分公司填列	临时工工资包括饭堂煮饭工、羽毛球教练工资及后勤部的工资性补贴、奖金等
支出	20103	社保费	支付工资社保单	由分公司填列	由公司承担的社保费
支出	20104	住房公积金	支付工资社保单	由分公司填列	由公司承担的住房公积金
支出	20105	职工教育经费	费用报销	由分公司填列	由公司承担的教育经费
支出	20106	福利费	费用报销	由分公司填列	公司内部聚餐及各种福利用品、宿舍租金、水电费、高温补贴、宿舍管理费、饮用水费
支出	20107	手机费	费用报销	由分公司填列	公司补助的手机话费
支出	20108	固话费	费用报销	由分公司填列	公司固定电话费用包括公用的小灵通费用
支出	20109	宽带费	费用报销	由分公司填列	各种上网宽带费
支出	20110	办公费	费用报销	由分公司填列	日常办公费用主要核算行政部门在办公过程中的支出，如纸张、笔等单位价值在50元以下的办公用具
支出	20111	邮寄费	费用报销	由分公司填列	邮寄费、各总分公司之前的寄件往来，非主营业务方面产生的快递费用
支出	20112	租金	费用报销	由分公司填列	核算各种办公室租金、食堂租金等租赁费用
支出	20113	物业管理费	费用报销	由分公司填列	核算各办公室，不包括宿舍管理费
支出	20114	电费	费用报销	由分公司填列	由公司承担的办公区域内电费，包括饭堂电费
支出	20115	水费	费用报销	由分公司填列	由公司承担办公区域内自来水费包括饭堂自来水费

续表

类型	编码	名称	业务类型	适用部门	用途
支出	20116	交通费	费用报销	由分公司填列	日常市内交通费（不包括送货产生的交通费）
支出	20117	差旅费	费用报销	由分公司填列	出差费用；主要列支外地交通费、机票、车船费、出差补贴及出差期间发生的住宿费。不包括出差期间产生的餐费或福利费录入同一张报销单，即（同单不同行）
支出	20118	装修费	费用报销	由分公司填列	待摊费用摊入的装修费用及金额小于2 000元的普通装修费
支出	20119	车辆月租	行政车辆费用报销单	由分公司填列	公司自有车辆填列
支出	20120	油料费	行政车辆费用报销单	由分公司填列	公司自有车辆填列
支出	20121	路桥费	行政车辆费用报销单	由分公司填列	公司自有车辆填列
支出	20122	停车费	行政车辆费用报销单	由分公司填列	公司自有车辆填列
支出	20123	洗车费	行政车辆费用报销单	由分公司填列	公司自有车辆填列
支出	20124	养路费	行政车辆费用报销单	由分公司填列	公司自有车辆填列
支出	20125	保险费	行政车辆费用报销单	由分公司填列	公司自有车辆填列
支出	20126	维修保养费	行政车辆费用报销单	由分公司填列	公司自有车辆填列
支出	20127	车辆罚款	行政车辆费用报销单	由分公司填列	公司自有车辆填列
支出	20128	业务招待费	费用报销	由分公司填列	分公司业务招待费、与客户之前的关系维护包括餐费、礼品费、客户医疗费，住仓人员的交通补贴（非本公司员工）
支出	20129	易耗品摊销	费用报销	由分公司填列	核算不作为固定资产的各种用具、物品、如工具、管理用具、玻璃器皿、文件柜、电话等摊销科目的包装器、以及任经营过程中周转使用

续表

类型	编码	名称	业务类型	适用部门	用途
支出	20130	无形资产摊销	费用报销	由分公司填列	由总部财务摊入无形资产时填列
支出	20131	维修费	费用报销	由分公司填列	待摊费用摊入的维修费用的及金额小于2 000元的普通维修费
支出	20132	折旧费	费用报销	由分公司填列	由总部财务计提折旧时选用
支出	20134	咨询费	费用报销	由分公司填列	各种中介费、代理记账费、信息服务费等
支出	20135	招聘费	费用报销	由分公司填列	招聘人员相关的费用
支出	20133	其他费用	费用报销	由分公司填列	不属于以上费用的其他费用
支出	202	销售费用		由销售部门及其他部门产生销售费用的部门填列	
支出	20201	销售——工资	支付工资社保单	由销售部门及其他部门产生销售费用的部门填列	合同工工资
支出	20202	销售——临时性工资	费用报销	由销售部门及其他部门产生销售费用的部门填列	临时工工资包括饭堂煮饭工、羽毛球教练、临时性装卸搬运工运费及工资性补贴等
支出	20203	销售——社保费	支付工资社保单	由销售部门及其他部门产生销售费用的部门填列	由公司承担的社保费
支出	20204	销售——住房公积金	支付工资社保单	由销售部门及其他部门产生销售费用的部门填列	由公司承担的住房公积金
支出	20205	销售——职工教育经费	费用报销	由销售部门及其他部门产生销售费用的部门填列	由公司承担的教育经费
支出	20206	销售——福利费	费用报销	由销售部门及其他部门产生销售费用的部门填列	公司内部聚餐及各种福利用品、宿舍租金、水电费

续表

类型	编码	名称	业务类型	适用部门	用途
支出	20207	销售——手机费	费用报销	由销售部门及其他部门产生销售费用的部门填列	公司补助的手费话费
支出	20208	销售——固话费	费用报销	由销售部门及其他部门产生销售费用的部门填列	公司固定电话费用包括公用的小灵通费用
支出	20209	销售——宽带费	费用报销	由销售部门及其他部门产生销售费用的部门填列	各种上网宽带费
支出	20210	销售——办公	费用报销	由销售部门及其他部门产生销售费用的部门填列	日常办公费用主要核算行政部门在办公过程的支出,如纸张、笔等单位价值在50元以下的办公用具
支出	20211	销售——邮寄费	费用报销	由销售部门及其他部门产生销售费用的部门填列	邮寄费,各总分公司之前的寄件往来、非主营业务方面产生的快递费
支出	20212	销售——租金	费用报销	由销售部门及其他部门产生销售费用的部门填列	核算各种办公室租金等租赁费用
支出	20213	销售——物业费	费用报销	由销售部门及其他部门产生销售费用的部门填列	核算各办公室,不包括宿舍管理费
支出	20214	销售——电费	费用报销	由销售部门及其他部门产生销售费用的部门填列	由公司承担办公区域内的电费
支出	20215	销售——水费	费用报销	由销售部门及其他部门产生销售费用的部门填列	由公司承担办公区域内水费
支出	20216	销售——交通费	费用报销	由销售部门及其他部门产生销售费用的部门填列	日常市内交通费
支出	20217	销售——差旅费	差旅费报销单	由销售部门及其他部门产生销售费用的部门填列	出差费用:主要列支外地交通费、机票、车船费,出差补贴及出差期间发生的住宿费,不包括出差期间的餐费

续表

类型	编码	名称	业务类型	适用部门	用途
支出	20218	销售——装修费	费用报销	由销售部门及其他部门产生销售费用的部门填列	待摊费用摊入的装修费用的及金额小于2000元的普通装修费
支出	20219	销售——车辆月租	行政车辆费用报销单	由销售部门及其他部门产生销售费用的部门填列	公司自有车辆填列
支出	20220	销售——油料费	行政车辆费用报销单	由销售部门及其他部门产生销售费用的部门填列	公司自有车辆填列
支出	20221	销售——路桥费	行政车辆费用报销单	由销售部门及其他部门产生销售费用的部门填列	公司自有车辆填列
支出	20222	销售——停车费	行政车辆费用报销单	由销售部门及其他部门产生销售费用的部门填列	公司自有车辆填列
支出	20223	销售——洗车费	行政车辆费用报销单	由销售部门及其他部门产生销售费用的部门填列	公司自有车辆填列
支出	20224	销售——养路费	行政车辆费用报销单	由销售部门及其他部门产生销售费用的部门填列	公司自有车辆填列
支出	20225	销售——保险费	行政车辆费用报销单	由销售部门及其他部门产生销售费用的部门填列	公司自有车辆填列
支出	20226	销售——车辆维修保养	行政车辆费用报销单	由销售部门及其他部门产生销售费用的部门填列	公司自有车辆填列
支出	20227	销售——车辆罚款	行政车辆费用报销单	由销售部门及其他部门产生销售费用的部门填列.	公司自有车辆填列
支出	20228	销售——业务招待费	费用报销	由销售部门及其他部门产生销售费用的部门填列	销售部门产生的业务招待费，与客户之间的关系维护费，不包括公司员工内部消费

附录 本公司会计科目及部门归属　　*167*

续表

类型	编码	名称	业务类型	适用部门	用途
支出	20229	销售——易耗品摊销	费用报销	由销售部门及其他部门产生销售费用的部门填列	核算不作为固定资产的各种用具、物品、如工具、管理用具、玻璃器皿，以及在经营过程中周转使用的包装容器、文件柜、电话等摊销科目
支出	20230	销售——无形资产摊销	费用报销	由销售部门及其他部门产生销售费用的部门填列	由总部财务分摊无形资产时填列
支出	20231	销售——市场费	费用报销	由销售部门及其他部门产生销售费用的部门填列	市场费
支出	2023101	市场——广告费	费用报销	由销售部门及其他部门产生销售费用的部门填列	广告费
支出	2023102	市场——业务宣传费	费用报销	由销售部门及其他部门产生销售费用的部门填列	印制各种宣传单费
支出	2023103	市场——宣传劳务费	费用报销	由销售部门及其他部门产生销售费用的部门填列	支付各种宣传费
支出	2023104	市场——赞助费	费用报销	由销售部门及其他部门产生销售费用的部门填列	各种先赞助费
支出	2023105	市场——在线费用	费用报销	由销售部门及其他部门产生销售费用的部门填列	因广告产生的费用
支出	2023106	市场——制作费	费用报销	由销售部门及其他部门产生销售费用的部门填列	因广告产生的费用
支出	2023107	市场——咨询费	费用报销	由销售部门及其他部门产生销售费用的部门填列	因广告产生的费用

续表

类型	编码	名称	业务类型	适用部门	用途
支出	2023108	市场——会务费	费用报销	由销售部门及其他部门产生销售费用的部门填列	因广告产生的费用
支出	2023109	市场——工服费	费用报销	由销售部门及其他部门产生销售费用的部门填列	因广告产生的费用
支出	2023110	市场——其他费	费用报销	由销售部门及其他部门产生销售费用的部门填列	因广告产生的费用
支出	20232	销售——维修费	费用报销	由销售部门及其他部门产生销售费用的部门填列	待摊费用摊入的维修费用及金额小于2000元的普通维修
支出	20233	销售——折旧费	费用报销	由销售部门及其他部门产生销售费用的部门填列	由部财务计提折旧时专用
支出	20234	销售——其他费	费用报销	由销售部门及其他部门产生销售费用的部门填列	不属于以上费用的其他费用
支出	203	总部管理费用	费用报销	由总部管理部门：董事局、人事行政部、财务部及其他管理部门	
支出	20301	管理——工资	支付工资社保单	由总部管理部门：董事局、人事行政部、财务部及其他管理部门	合同工工资
支出	20302	管理——临时性工资	费用报销	由总部管理部门：董事局、人事行政部、财务部及其他管理部门	临时工工资包括饭堂煮饭工、羽毛球教练工资及工资性补贴等
支出	20303	管理——社保费	支付工资社保单	由总部管理部门：董事局、人事行政部、财务部及其他管理部门	由公司承担的社保费
支出	20304	管理——住房公积金	支付工资社保单	由总部管理部门：董事局、人事行政部、财务部及其他管理部门	由公司承担的住房公积金

附录　本公司会计科目及部门归属

续表

类型	编码	名　称	业务类型	适用部门	用　途
支出	20305	管理——职工教育经费	费用报销	由总部管理部门：董事局、人事行政部、财务部及其他管理部门填列	由公司承担的教育经费
支出	20306	管理——招聘费	费用报销	由总部管理部门：董事局、人事行政部、财务部及其他管理部门填列	各种人事招聘费
支出	20307	管理——福利费	费用报销	由总部管理部门：董事局、人事行政部、财务部及其他管理部门填列	公司内部聚餐及各种福利用品、宿舍租金、水电费
支出	20308	管理——工会经费	费用报销	由总部管理部门：董事局、人事行政部、财务部及其他管理部门填列	公司工会经费
支出	20309	管理——会议费	费用报销	由总部管理部门：董事局、人事行政部、财务部及其他管理部门填列	会议相关会议费
支出	20310	管理——手机费	费用报销	由总部管理部门：董事局、人事行政部、财务部及其他管理部门填列	公司补助的手机话费
支出	20311	管理——固话费	费用报销	由总部管理部门：董事局、人事行政部、财务部及其他管理部门填列	公司固定电话费用包括公用的小灵通费用
支出	20312	管理——宽带费	费用报销	由总部管理部门：董事局、人事行政部、财务部及其他管理部门填列	各种上网宽带费
支出	20313	管理——办公费	费用报销	由总部管理部门：董事局、人事行政部、财务部及其他管理部门填列	日常办公费用主要核算行政部门在办公过程中的支出，如纸张、笔等单位价值在50元以下的办公用具
支出	20314	管理——邮寄费	费用报销	由总部管理部门：董事局、人事行政部、财务部及其他管理部门填列	邮寄费，各总分公司之前的寄件往来、非主营业务方面产生的快递费
支出	20315	管理——租金	费用报销	由总部管理部门：董事局、人事行政部、财务部及其他管理部门填列	核算各种办公室租金等租赁费用

续表

类型	编码	名称	业务类型	适用部门	用途
支出	20316	管理——物业费	费用报销	由总部管理部门：董事局、人事行政部、财务部及其他管理部门填列	核算各办公室，不包括宿舍管理费
支出	20317	管理——电费	费用报销	由总部管理部门：董事局、人事行政部、财务部及其他管理部门填列	由公司承担的办公区域内电费
支出	20318	管理——水费	费用报销	由总部管理部门：董事局、人事行政部、财务部及其他管理部门填列	由公司承担的办公区域内水费
支出	20319	管理——技术研发支出	费用报销	信息管理部	研发费用
支出	2031901	研发——调研费	费用报销	信息管理部	研发费用
支出	2031902	研发——外包费	费用报销	信息管理部	研发费用
支出	2031903	研发——服务费	费用报销	信息管理部	研发费用
支出	2031904	研发——检测费	费用报销	信息管理部	研发费用
支出	2031905	研发——资料费	费用报销	信息管理部	研发费用
支出	2031906	研发——技术转让费	费用报销	信息管理部	研发费用
支出	2031907	研发——设备租赁费	费用报销	信息管理部	研发费用
支出	2031908	研发——其他研发支出	费用报销	信息管理部	研发费用
支出	20320	管理——交通费	费用报销	由总部管理部门：董事局、人事行政部、财务部及其他管理部门填列	日常市内交通费
支出	20321	管理——差旅费	差旅费报销单	由总部管理部门：董事局、人事行政部、财务部及其他管理部门填列	出差费用；主要列支外地交通费、机票、车船费、出差补贴及出差期间发生的住宿费，不包括出差期间的餐费
支出	20322	管理——装修费	费用报销	由总部管理部门：董事局、人事行政部、财务部及其他管理部门填列	待摊费用摊入的装修费用及金额小于2 000元的普通装修费

附录　本公司会计科目及部门归属

续表

类型	编码	名称	业务类型	适用部门	用途
支出	20323	管理——维修费	费用报销	由总部管理部门：董事局、人事行政部、财务部及其他管理部门填列	待摊费用摊入的维修费用及金额小于2000元的普通维修费
支出	20324	管理——车辆月租	行政车辆费用报销单	由总部管理部门：董事局、人事行政部、财务部及其他管理部门填列	公司自有车辆填列
支出	20325	管理——油料费	行政车辆费用报销单	由总部管理部门：董事局、人事行政部、财务部及其他管理部门填列	公司自有车辆填列
支出	20326	管理——路桥费	行政车辆费用报销单	由总部管理部门：董事局、人事行政部、财务部及其他管理部门填列	公司自有车辆填列
支出	20327	管理——停车费	行政车辆费用报销单	由总部管理部门：董事局、人事行政部、财务部及其他管理部门填列	公司自有车辆填列
支出	20328	管理——洗车费	行政车辆费用报销单	由总部管理部门：董事局、人事行政部、财务部及其他管理部门填列	公司自有车辆填列
支出	20329	管理——养路费	行政车辆费用报销单	由总部管理部门：董事局、人事行政部、财务部及其他管理部门填列	公司自有车辆填列
支出	20330	管理——保险费	行政车辆费用报销单	由总部管理部门：董事局、人事行政部、财务部及其他管理部门填列	公司自有车辆填列
支出	20331	管理——车辆维修保养	行政车辆费用报销单	由总部管理部门：董事局、人事行政部、财务部及其他管理部门填列	公司自有车辆填列
支出	20332	管理——车辆罚款	行政车辆费用报销单	由总部管理部门：董事局、人事行政部、财务部及其他管理部门填列	公司自有车辆填列
支出	20333	管理——易耗品摊销	费用报销	由总部管理部门：董事局、人事行政部、财务部及其他管理部门填列	核算不作为固定资产的各种用具、物品，如工具、管理用具、玻璃器皿，以及在经营过程中周转使用的包装容器、文件柜、电话等摊销科目

续表

类型	编码	名称	业务类型	适用部门	用途
支出	20334	管理——业务招待费	费用报销；差旅费报销单	由总部管理部门：董事局、人事行政部、财务部及其他管理部门填列	管理部门产生的业务招待费，与客户之间的关系维护费，不包括公司员工内部消费
支出	20335	管理——咨询、诉讼费	费用报销	由总部管理部门：董事局、人事行政部、财务部及其他管理部门填列	各种咨询诉讼费
支出	20336	管理——年检费	费用报销	由总部管理部门：董事局、人事行政部、财务部及其他管理部门填列	年检费用
支出	20337	审计评估费	费用报销	由总部管理部门：董事局、人事行政部、财务部及其他管理部门填列	审计、评估费
支出	20338	开办费摊销	费用报销	由总部管理部门：董事局、人事行政部、财务部及其他管理部门填列	由总公司财务摊销时填列
支出	20339	印花税	费用报销	由总部管理部门：董事局、人事行政部、财务部及其他管理部门填列	当期印花税
支出	20340	堤围防洪费	费用报销	由总部管理部门：董事局、人事行政部、财务部及其他管理部门填列	可直接记入项目的堤围费
支出	20341	土地使用税	费用报销	由总部管理部门：董事局、人事行政部、财务部及其他管理部门填列	可直接记入项目的土地使用税
支出	20342	车船使用税	费用报销	由总部管理部门：董事局、人事行政部、财务部及其他管理部门填列	可直接记入项目的车船使用税
支出	20343	盘亏盘盈	费用报销	由总部管理部门：董事局、人事行政部、财务部及其他管理部门填列	盘亏盘盈
支出	20344	管理——无形资产摊销	费用报销	由总部管理部门：董事局、人事行政部、财务部及其他管理部门填列	总部财务专用无形资产摊销

附录　本公司会计科目及部门归属

续表

类型	编码	名　称	业务类型	适用部门	用　途
支出	20345	管理——折旧费	费用报销	由总部管理部门：董事局、人事行政部、财务部及其他管理部门填列	总部财务计提折旧费时选用
支出	20346	管理——其他费	费用报销；支付工资社保单	由总部管理部门：董事局、人事行政部、财务部及其他管理部门填列	不属于以上费用的其他费用
支出	204	财务费用		由总部管理部门：董事局、人事行政部、财务部及其他管理部门填列	
支出	20401	财务费用——利息	费用报销	由总部管理部门：董事局、人事行政部、财务部及其他管理部门填列	利息
支出	20402	财务费用——手续费	费用报销	由总部管理部门：董事局、人事行政部、财务部及其他管理部门填列	汇款手续费
支出	20403	财务费用——汇兑损益	费用报销	由总部管理部门：董事局、人事行政部、财务部及其他管理部门填列	汇兑损益
支出	20404	财务费用——其他费	费用报销	由总部管理部门：董事局、人事行政部、财务部及其他管理部门填列	其他

注：1. 由个人承担的社保费与低值易耗品科目为支付工资社保单里的应付个人社保。

2. 办公费：日常办公费用主要核算行政部门在办公过程中的支出，如纸张、笔等单位价值在50元以下的办公用具。

低值易耗品：指不作为固定资产核算的各种用具物品，如工具、管理用具、玻璃器皿以及在经营过程中周转使用的包装容器等。指单位价值50元以上，2000元以下，或者使用年限在1年以内，不能作为固定资产的劳动资料。有以下几大类：

(1) 经营用具，指经营企业中使用的各种用具用具，如保险柜、沙发、椅子、桌子等；
(2) 管理用具，指经营业管理中使用的各种家具用具，如保险柜、沙发、椅子、桌子等；
(3) 包装容器，指物业管理企业在经营过程中使用的周转使用的包装容器；
(4) 其他用具，指不属于以上分类的低值易耗品。

3. 单件购买无须摊销的低值易耗品可直接入部门耗销科目，批量购买的低值易耗品则录入系统固定资产报销单内的低值易耗品科目里，由总部会计作分期摊销处理。

参 考 文 献

[1] 商丽景. 物流成本管理 [M]. 上海：交通大学出版社，2008.
[2] 陈兴霞. 物流单证与结算 [M]. 北京：中国物资出版社，2010.
[3] 官金华. 物流财务管理 [M]. 上海：交通大学出版社，2009.
[4] 颜军，刘飞驰. 物流成本管理 [M]. 北京：冶金工业出版社，2009.
[5] 牛红霞. 物流成本管理 [M]. 北京：化学工业出版社，2008.
[6] 李艳. 物流管理综合实训 [M]. 北京：北京交通大学出版社，2011.
[7] 李卫东. 物流管理基础实训 [M]. 北京：北京交通大学出版社，2010.
[8] 戴正翔. 国家物流单证实训教程 [M]. 北京：清华大学出版社，北京交通大学出版社，2009.
[9] 孙家庆，程显胜，曾庆成. 国际物流运作流程与单证实务 [M]. 大连：大连海事大学出版社，2007.
[10] 海关总署报关员资格考试教材编写委员会. 报关员资格全国统一考试教材 [M]. 北京：中国海关出版社，2009.
[11] 祝雪红. 结算实务 [M]. 上海：立信会计出版社，2004.
[12] 马元驹. 结算业务基本技能训练教程 [M]. 北京：中国人民大学出版社，2006.
[13] 王宇. 银行结算业务 [M]. 北京：机械工业出版社，2008.
[14] 刘东明. 物流企业会计 [M]. 北京：中国财政经济出版社，2009.
[15] 曾庆云. 物流企业会计实务 [M]. 北京：北京师范出版社，2011.
[16] 海尔物流. 海尔物流华普Avaya项目解决方案书 [EB/OL]，www.zj56.com，浙江物流网，2006.